……画一・一斉授業からの脱却……
……個の発達の支援……
……主体性と共生への学び……
……ホンモノにふれる生きた学び……
……安心で快適な学校……
……グローバル・シチズンシップを目指す……

教育開発研究所

まえがき

　2019年4月、長野県南佐久郡佐久穂町に茂来学園大日向小学校というイエナプラン・スクールが開校しました。日本初のイエナプラン・スクールです。関係者は、新しい学校のあり方を模索しながら、日本型のイエナプラン教育の確立と普及に意欲を燃やしています。私立校ですが、閉校となった公立小学校の立派な校舎と広大な敷地を買い取り、何よりも地域に根づいた学校となるよう、地域の人々との交流に尽力しています。過疎地とはいえ、蒼々と緑深い山に包まれ、詩情豊かな千曲川の支流と農地が眼前に広がる同校は、すでに全国から70名の子どもたちを受け入れています。

　同校設立のニュースはマスメディアやソーシャルメディアでいち早く広がりました。すでに開校前から全国各地で話題となり、自治体も動き始めています。広島県福山市は2022年から既存の公立小学校にイエナプラン教育を導入することを公表し、名古屋市も市内の小・中学校でイエナプラン教育を参考にしたいとの意向を発表しました。イエナプラン教育は、元来、公教育制度の変革を目指したものです。そして、そのきっかけを、現場で働く教職員と保護者が、子ども中心の教育のあり方を模索して、現行制度の範囲内でもできることからアクティブに創意工夫していくことに見出してきました。本書がそのための指針となることを願っています。

　子どもたちのいじめ・不登校・自殺は、もう何十年も頻繁にニュースの話題となっていますが、効果的な解決策はいまだ見出されていないようです。子どもたちの不幸の究極の原因が、おそらくは画一・一斉授業をベースにした競争型の学校教育のあり方にあることは、多くの人が薄々気づいています。けれども、日本の近代教育は、こうした教育のあり方をベースに、急速な近代化と産業化を実現してきました。学力偏重と入試競争からこぼれ落ちる子どもたちが犠牲になっても、競争で優れた人材を選抜し産業の発展を支える人材を育成することが公教育の目的だという考えは、今も多くの日本人の心に深く根づいています。しかし他方、日本の若者たちの主体性や創造力の乏しさにも、多くの大人たちが焦りを感じています。AI導入等によって近未来に予測される労働形態の変化、また高齢化社会の諸問題や地球環境の破壊への不安が、未来に向けて若い人々をどう育てていけばよいかと心ある大人たちを悩ませています。

　筆者は、15年前の2004年、『オランダの教育──多様性が一人ひとりの子供を育てる』（平凡社）のなかで、個々の子どもにふさわしい学校を選べるオランダの学校制度の仕組みを伝えました。これからの時代、競争で他者を蹴落とす人材を選りすぐって育てることよりも、一人ひとりの子どもを丁寧に、また全人格的に育てることの方が重要だと感じていたからです。さらに2006年に『オランダの個別教育はなぜ成功したのか──イエナプラン教育に学ぶ』（平凡社）で、こうしたオランダにおいて、1960年代という市民社会成熟期に、ドイツで発祥したイエナプラン教育が、オランダで普及し、公教育に大きな影響を与えたことを伝えました。以後、日本でも、オランダのイエナプラン教育を学びたいという教育関係者が徐々に増えていきました。

　2010年には、日本イエナプラン教育協会を設置し、翌2011年以来、毎年春と夏に、日本人に向けて1週間の合宿研修を実施してきました。オランダ人イエナプラン専門家が行う講習と学

校視察を組み合わせた研修には、現在まで通算300名近い日本人研修生が参加しています。さらに2017年には、3ヵ月間のオランダ・イエナプラン専門教員研修を実施し、12名の教員や学生が、深くオランダのイエナプラン教育を学びました。こうした動きが、大日向小学校の設立や自治体レベルでの教育改革につながっていったことは、それにかかわった皆さんの努力の賜物であり、たいへん喜ばしいことです。

　他方、日本で「オランダ・イエナプラン教育」に関心を持つ人の数が増えれば増えるほど、それぞれの理解や情報に差異があるのを感じるようになりました。学校づくりを目指す団体が急増していることを思うと、最低限共有しておくべきイエナプラン教育の知識や情報をまとめておく必要も強く感じられるようになりました。それが本書の刊行に至った動機です。

　筆者は、2000年代初頭、イエナプラン教育と出会いました。それは、ペーターセンがドイツで提唱したものに基づきつつも、主としてフレネ教育の信奉者たちの手で受け継がれ、学校現場での種々の試みを経て独自のものとして発展した、いわばオランダ・イエナプラン教育とも呼べるものでした。以来、教育学の徒、子を持つ親、在住者の立場から、オランダ・イエナプラン教育についての情報を集め、日本に伝えてきました。オランダ・イエナプラン教育協会は、現場の教員たちによるおびただしい数の報告書を機関誌を通して発刊してきています。いずれも現場に根ざした具体的事例と示唆に富む説得力のある資料です。本書は、筆者の、以来15年間余に及ぶこれらの資料調査と現場観察、研修事業での度重なる専門家との交流を通して得た知見に基づいています。

　イエナプラン教育はメソッド（方法）ではありません。授業でどんな教授技術を使えばよいかをまとめたものではないのです。ですから、本書もガイドブックとはいえ「この手順を踏めばイエナプラン教育ができる」という「マニュアルブック」ではありません。本書をお読みになればおわかりいただけると思いますが、イエナプラン教育は、一人ひとりの子をその子らしく最大限の可能性を引き出して育てることを目指した子育てのビジョンであり、人々がお互いを尊重して生きる共生社会を学校共同体として具現化しようとしたものです。優れたイエナプラン・スクールを訪れたときに、誰もが外から気づく目に見えるもの、また、舞台裏で企画された目には見えないもののすべては、このビジョンに基づいています。本書が、新しい学校の建設のためだけではなく、あらゆる既存の学校でも、先生方が自らの実践を振り返るためのツールとなれば、たいへん嬉しく思います。

　本書では、まず理論編において、ビジョンの内容と意味を示しました。実践編では、そのビジョンが授業や学校運営の中に、どう具体的な形として翻訳されるものかを解説しています。読者の皆さんには、是非ともまず理論編を読んで、実践における目に見える形式の裏に、どんな隠れた意味があるのかをご理解いただければ幸いです。また、付録として、イエナプラン教育の精神を理解し、実際に実践に踏み出す際に役立つと思われる情報をたっぷり掲載しました。取り組みへの出発点としてぜひご活用ください。

目次

まえがき ··· 2

理論編:イエナプランの基礎知識

イエナプランの魅力
グローバル時代の人間形成 ································· 8
新学習指導要領とイエナプラン ····························· 10
頭と心と手による発達 ······································· 12
ペーターセンが描いた理想の学校 ·························· 14

メソッドでなくビジョン
8つのミニマム(スース・フロイデンタール) ·············· 16

オープンモデルとしてのイエナプラン
20の原則(オランダ・イエナプラン教育協会) ············ 20

イエナプランが目指すクオリティ
6つのクオリティ(ケース・ボット『イエナプラン21』) ····· 24
コア・クオリティ(オランダ・イエナプラン教育協会2009) ··· 26
7つのエッセンス(ヒュバート・ウィンタース&フレーク・フェルトハウズ) ··· 28

イエナプランの基本的要素 ······························· 30

実践編(やってみよう):イエナプランを教室・学校に取り入れるためのヒント

グループづくり
違いから学ぶためのグループ ······························· 32
ファミリー・グループ ······································· 34
テーブル・グループ ··· 36
グループからコミュニティ(共同体)へ ·················· 38

4つの基本活動
対話・遊び・仕事・催し ……………………………………………………… 40

4つの基本活動　週の活動の流れ
リズミックな週計画 …………………………………………………………… 42

4つの基本活動　1. 対話
サークル対話（1） …………………………………………………………… 40
サークル対話（2） …………………………………………………………… 46
そのほかの対話 ………………………………………………………………… 48

4つの基本活動　2. 遊び
遊びは学び（1） ……………………………………………………………… 50
遊びは学び（2） ……………………………………………………………… 52

4つの基本活動　3. 仕事
自立的な仕事と協働 …………………………………………………………… 54
ブロックアワー①　自分の週計画に沿って ………………………………… 56
ブロックアワー②　インストラクションと巡回指導 ……………………… 58
協働することを学ぶ …………………………………………………………… 60

4つの基本活動　4. 催し
喜びや悲しみなどの感情を分かち合う ……………………………………… 62

ワールドオリエンテーション
その意義・基礎教科学習との関係 …………………………………………… 64
ホンモノに対するホンモノの問い …………………………………………… 66
テーマは子どもの身近な世界から …………………………………………… 68
ワールドオリエンテーションの進め方〈ヤンセンの自転車モデル〉 …… 70
マインドマップを作る ………………………………………………………… 72
各ステップでグループ・リーダーが留意する点 …………………………… 74
ストーリーライン・アプローチ ……………………………………………… 78

カリキュラム・マネジメント

- イエナプランの舞台裏 ……………………………………… 80
- 多様な教材を準備する ……………………………………… 82
- 基本活動を多目的に　教職員チーム全体の協働と分担を …… 84
- フィードバックと記録 ……………………………………… 86

評価・通知・懇談

- 評価と通知 …………………………………………………… 88
- ポートフォリオ ……………………………………………… 90
- 学習者主体の懇談会 ………………………………………… 92
- 基礎学力の発達モニター …………………………………… 94

学びのオーナーシップ（当事者意識）

- 動きと選択の自由が責任意識を生む ……………………… 96
- 子どもたちによる自治 ……………………………………… 98

主体的で対話的な学校環境

- リビングルームとしての教室 ……………………………… 100
- 教室の外のスペース（校舎）……………………………… 102
- 校庭 …………………………………………………………… 106
- 学校の外へ …………………………………………………… 108

生と学びの共同体

- 学校共同体：理想の未来社会の実現 ……………………… 110
- 保護者に学校の活動に参加してもらう …………………… 112

チームとしての教職員

- 全校の教職員が全校の生徒を見守る ……………………… 114
- 教員の自己評価、学校の自己改善 ………………………… 116

スクール・リーダーシップ
　　管理者からファシリテーターへ ……………………………… 118
　　「学習する学校」はスクール・リーダーから ……………… 120

どうすれば日本の学校でもイエナプランが可能になるか
イエナプランを日本で実践する
　　都市の学校・地方の学校 ……………………………………… 124
　　教員の働き方改革のきっかけに ……………………………… 125
　　特別支援教育の見直し ………………………………………… 126
　　学校環境は教育の中身が決める ……………………………… 127
　　教材の捉え方を見直す ………………………………………… 128
　　教員が学ぶ時間と費用の保障を ……………………………… 129

付録
1．よくある質問集 ………………………………………………… 130
2．ちっちゃなニルス ……………………………………………… 134
3．ライオン蟻に聞いてごらん …………………………………… 137
4．ワールドオリエンテーション・アクティビティ集 ………… 146
5．オランダの中核目標（学習指導要領）における
　　〈自分自身と世界へのオリエンテーション〉の課題 ……… 168
6．アイスブレイクやエナジャイザーとして使える遊びの例 … 170
推薦図書・推薦DVD ……………………………………………… 174

　　　あとがき …………………………………………………… 176

▶ イエナプランの魅力

グローバル時代の人間形成

● 古びてしまった学校から新時代の学校へ

　今日、世界中の経済活動が国境を越えて展開され、インターネットの急速な普及で国や文化や言葉の壁を越えて情報が飛び交っています。そんななか、これまでの学校のあり方が、もはや時代に合わなくなってしまっていることは、日本だけでなく、世界中の教育関係者や多くの親たちが感じています。

　実際、電話や計算器、テレビや洗濯機などの家電製品、腕時計や自動車など、どれをとってみても、100年前にはたぶん想像もできなかったほど、形も機能も変わってしまっています。それなのに、なぜか学校教育の姿だけは、100年前とほとんど変わっていないというのはどういうことでしょう。世界中の多くの国で、いまだに学校が、100年前と同じように、「教室」という仕切られた空間で、教壇に立つ教師が、整列して座っている子どもたち全員に同じ教科書を使い、同じ方法で知識を伝える授業をしているというのは、100年前の電話を見るのと同じくらいに滑稽な光景だといってもおかしくありません。新しい時代に、新しい道具を使って、もっと急速に変化していく未来に向かって生きている子どもたちが古めかしい教室で、古めかしい方法だけで教えられることにうんざりするのも無理からぬことです。そろそろ、今という時代にもっとふさわしい、また、子どもたちがやがて出ていく20年後や50年後の未来社会の姿を見据えた新しい学校へと脱皮する時が来ています。

● 労働力育成から、創造的市民の形成へ

　近代の学校は、産業発展を通して国力を増強するために作られていました。ヨーロッパでも、100年前は産業化・工業化時代の真っ只中で、人々が、工場や組織で、あたかも機械の一部であるかのように働くことが目指されていました。リーダーの育成も、そうした機械の歯車として働く人々の上に立って指導できる人であればよかったのです。ですから、学校でもまた、子どもの個性を磨くことよりも、むしろ逆に個性の発達を犠牲にしてでも、規格品のように、ほかの人と同じ能力が身につくように、と子どもたちを育ててきたのです。その結果、多くの子どもたちは、不良品がふるいにかけられて捨て去られるように、個性などは顧みられることなく、人間としての尊厳を奪われてきました。

　しかし今日、新聞やテレビでは、毎日のように、AIが人間に代わって仕事をする時代を予測したり、地球温暖化が環境を破壊してきたことなどが伝えられています。つまり、これからの時代を切り拓いていける人間に必要な力とは、実は、人類の過去の遺産である知識を、ただ無批判に頭に詰め込んで、産業化のためだけに無心に使う力ではなく、こうした知識をもとに、まだ見ぬ新しい世界で起きるさまざまな課題に果敢に取り組む創造力と、国境の向こうの文化や宗教や言語や習慣が異なるさまざまな人々と協働する力なのです。今ある学校は、はたして、

理論編：イエナプランの基礎知識

こういう力を子どもたちに身につけさせようとしているでしょうか。

🔴 グローバル時代に求められる力とイエナプラン

　2018年初頭、Asia Society/Centre for Global EducationとOECDは、「急速に変わる世界の中でグローバル・コンピテンスを教える（Teaching for Global Competence in a rapidly changing world）」と題する報告書のなかで、これからの人間に求められる力を定義し、それに向けた教育のあり方を明らかにしました。そこでは、グローバル・コンピテンス（グローバル時代に求められる力）として、OECDが示した４つのドメイン、すなわち、【世界を探究する】【異なる観点があることを認める】【考えを伝達する】【アクションを起こす】をあげています。

　もう少し詳しく言うと、自分の身の回りにある事物や現象をきっかけに、深く世界に向けて探究する力、自分のものの見方と他者のものの見方を共に受け入れる力、自分のアイデアを文化や言語や価値観が異なる多様な受け手に効果的に伝達する力、よりよい社会に貢献するため自らのアイデアを行動に移していく力、ということです。報告書では、これらの力を育むためにはどんなことに注意を向けて学校教育を企画・運営していけばよいかの具体的なアイデアが書かれていますので、ぜひ参照されることをお勧めします。

　さて、こうした学校のあり方は、今ようやく世界中の教育者が語り始めているのですが、実を言うと、すでに90年以上も前に、ドイツの教育学者ペーター・ペーターセンがイエナ大学の実験校で取り組んだ学校教育の考え方、イエナプラン教育と酷似しています。さらには、このペーターセンの学校変革のアイデア、イエナプラン教育は、ドイツではほとんど広がらなかったのですが、1960年台半ばから、隣国オランダで教員や保護者に受け継がれ、200校を超える学校現場で試行錯誤の経験と実績を積んできました。しかしこのことは、残念ながら、オランダの外ではほとんど知られていません。

　イエナプラン教育は、OECDが求める「グローバル時代に求められる力」をはるかにしのぐ深い教育哲学に支えられ、幅広い人間形成と世界市民社会の理想を求めて展開されています。

　将来、どんな政治的、経済的な状況が生じるか、私たちは誰も知らない。今生きている誰にも知ることはできないし、私たちについて何かを知っている人が他にどこかにいるわけでもない。未来は、人々の不満、利益追及、闘争、そして、私たちにはせいぜいそのわずかしか想像することができない新たな経済的、政治的、社会的状況によって決まるだろう。けれども、たったひとつ、確信を持って言えることがある。これらすべての厳しく険しい問題は、自分から進んで問題に取り組んでいこうとする人々がいて、彼らにその問題を乗り越えるだけの能力と覚悟があれば、解決されるだろう。この人たちは、親切で、友好的で、互いに尊重する心を持ち、人を助ける心構えができており、自分に与えられた課題を一所懸命やろうとする意志を持ち、人の犠牲になる覚悟があり、真摯で、嘘がなく、自己中心的でない人々でなければならない。そして、その人々の中に、不平を述べることなく、他の人よりもよりいっそう働く覚悟のあるものがいなくてはならないだろう。
　　　　　　　　　　　　　　　　　ペーター・ペーターセン『小さなイエナプラン』より

▶ イエナプランの魅力

新学習指導要領とイエナプラン

● 新学習指導要領の要点

　2017年3月、日本では、戦後9回目にあたる学習指導要領の改訂が告示されました。この新学習指導要領は、小学校では2020年度より全面実施となる予定です。

　これまで同様、子どもたちが「生きる力」を持った全人格的な人間になることを目指していますが、今回の改訂は、主に次の点が特徴としてあげられます。

1. **主体的・対話的で深い学び**　教育界では、以前からアクティブ・ラーニングという言葉で表現されてきたものですが、新学習指導要領の総則では「各教科等において身に付けた知識及び技能を活用したり、思考力、判断力、表現力等や学びに向かう力、人間性等を発揮させたりして、学習の対象となる物事を捉え思考することにより、各教科等の特質に応じた物事を捉える視点や考え方が鍛えられていくことに留意し、児童が各教科等の特質に応じた見方・考え方を働かせながら、知識を相互に関連付けてより深く理解したり、情報を精査して考えを形成したり、問題を見いだして解決策を考えたり、思いや考えを基に創造したりすることに向かう過程を重視した学習の充実を図ること」と解説されています。

2. また、外国語教育やプログラミング教育、さらに、**特別な教科として道徳教育が教科化**されることになりました。いずれも、グローバル化や急速な科学技術革新による生活様式の変化などを背景にして生まれた学校の課題と言えるでしょう。とくに、やや時代が逆行するかのような印象を与える「道徳教育の教科化」については、総則で「自立心や自律性、生命を尊重する心や他者を思いやる心を育てる」「善悪を判断し、正しいと判断したことを行う」「身近な人々と協力し助け合う」「集団や社会のきまりを守る」「伝統と文化を尊重し、それらを育んできた我が国と郷土を愛するとともに、他国を尊重する」「学校や学級内の人間関係や環境を整える」「いじめの防止や安全の確保等にも資することとなる」などがあげられており、むしろ、グローバル化する民主社会における市民的行動規範を学ばせることが意図されているように読みとることもできます。

3. そして、学校は、こうした教育活動において、**社会とつながり、社会に開かれたもの**であることが求められています。

　さて、それでは、日本でこの新しい学習指導要領が実施されるにあたって、イエナプラン教育では、新学習指導要領が強調している3つの新しい課題にどのように取り組んでいるのでしょうか。イエナプランは、新学習指導要領の要請に応えられるものなのでしょうか。もちろん、本書では、全編にわたってイエナプラン教育の詳細を述べますが、ここでは、新学習指導要領の観点から、上の3点について要点をまとめておきます。イエナプラン教育は、新学習指導要領が強く求めている課題に十分応えるものであるだけでなく、さらに広い視点からの深い教育ビジョンに支えられていることがわかります。

理論編：イエナプランの基礎知識

🔴 主体的・対話的で深い学び

　まず、アクティブ・ラーニング、すなわち「主体的・対話的で深い学び」についてですが、イエナプラン教育では、教員たちが、子どもたちが生まれながらに持っている発達への力を信頼し、それに根ざして子どもたち自身から生まれる好奇心に基づく学びへの動機づけを尊重します。つまり、主体性は、外から大人が作るものではなく、どの子にも持って生まれた性質として備えられたもの、と捉えており、学校の大人たちは、この子どもたちの好奇心や興味をさえぎらず引き出していくことに力を注ぎます。

　とくに対話は、イエナプラン教育の4つの基本活動のうちのひとつで、各学級の子どもたちは、毎日数回、必ず全員で円座になって対話の時間を持ちます。また学習中も、子どもたち同士、あるいは大人と子どもが対話をしながら学ぶことを強調しています。

　アクティブ・ラーニングは、けっして身体が常に動き回るものだとは捉えられていません。しかし、子どもたちは、他者の迷惑にならない限り、自分の活動の必要に応じて教室内や学校内を自由に主体的に動くことを保障されています。他方、静かに一人で学ぶ（脳がアクティブに深い思考をしている）ことの重要性も認め、そのための場所や時間を意図的に用意しています。

🔴 道徳の教科化ではなく、シチズンシップ（市民的態度）を学習させる

　他方、オランダの学校に限らず、現在、ヨーロッパ諸国では、どの国においても、異文化の共存や交流が進んでおり、そのようななかで自らの「自由」を責任を持って行使できる市民、自他の人権を尊重する市民、法治社会（法律でお互いに約束をし合った社会）の法を守り、よりよい社会のために進んで自ら関与していく市民の形成を求め、「シチズンシップ教育」を義務づけています。

　イエナプランの創設者であるペーターセンは、こうした動きがヨーロッパで本格化するより80年も前に、学校で、子どもたちによる自治を推進し、同時に、子どもたちに、自らが属する共同体への責任を持つことを学ばせるようにしてきました。

🔴 学校と社会とのつながり

　イエナプラン教育は、「学校はありのままの社会の姿を映し出す鏡のようなもの」でなければならないと考え、社会のすべての階層や背景の人々が集まる社会となることを目指しています。また、学校を、子どもを中心として、周りで子どもたちの育みにかかわっている保護者および教員という大人たちとともに構成される「生と学びの共同体」と考え、そこで、子どもと大人とが共同して、未来の理想的な社会を先取りし実現することを目指しています。他方、子どもたちの健全であるべき育ちが、むやみに外部からの影響にさらされることがないよう、学校は、外からの強制や圧力を受けない「独立」の存在でなければならないとも考えます。

　オランダの学校に比べて地域とのつながりが強い日本の学校では、学校を「生と学びの共同体」にすることで、地域の自然・文化・伝統を受け継ぐ住民の学校参加を促すことが可能です。

▶ イエナプランの魅力

頭と心と手による発達

● オルタナティブ教育

　19世紀末から第1次世界大戦後にかけて、欧米諸国および中国や日本では「新教育運動」と呼ばれる運動が起きました。新教育の方法や形式には多種多様のものがありますが、あえて共通点をあげるとすれば、それまでの、教師による知識伝授型の教育に対し、子どもたちの自主性や主体性を重んじて、子どもたち自身の内発的な発達の力、学びへの意欲を引き出し、それを最大限に花開かせるための教育のあり方であったと言えるでしょう。とはいえ、教師主体で知識偏重型の古い教育は、欧米諸国でも、その後も多数派を占め続けます。

　ところが、多くの犠牲者を出した第2次世界大戦の終結後、産業化の速度が増し、産業社会における過重労働や環境破壊に対する意識が高まるなか、新教育運動が目指していた子ども主体で全人格的な発達を目指す学校のあり方を目指すオルタナティブ教育、すなわち、古い伝統的な学校教育に「取って代わる」新しいタイプの学校教育が、数は少ないですが、教育界で普及し始めます。

　1920年代に、ドイツのイエナ大学の実験校として始まったイエナプラン教育は、創始者ペーターセンが述べているように、ドイツにおける初期の新教育運動「田園教育塾」運動に直接の影響を受けています。また、1960年代にイエナプラン教育をオランダ教育界に伝えたフロイデンタールは、新教育フェローシップという国際団体のオランダ支部で書記をしていた人で、イエナプラン教育のオランダにおける普及を通して、1970年代のオランダの学校教育の改革にオルタナティブ教育の立場から多大な影響を与えた教育者の一人でした。

● 都市化と戦災の記憶のなかで

　欧米諸国における新教育運動の興りは、産業革命による都市の成立、都市人口の急速な増加と無関係ではありません。オランダに根づいたオルタナティブ教育であるモンテッソーリ教育、ダルトンプラン教育、イエナプラン教育、シュタイナー教育などのいずれもその背景には、工業社会の発展による急速な都市化がもたらした「共同体なき社会」への危惧がありました。人間の子どもの成長にとって劣悪な都市環境のなかで、子どもたちに単に知識を伝達しているだけでは人間としての成長が危ぶまれるという危機感があったことがうかがえます。

　また、ペーターセンが大学の実験校で新しい学校教育のあり方を模索していたのは第1次世界大戦後のことですが、機械の歯車、あるいは、軍隊の兵士のように、子どもの個性や人間としての感性を顧みることなく、知識やスキルだけをひたすら身につけさせる古い学校のあり方への批判は、多くの若者たちが戦争に駆り立てられ死んでいった戦災の記憶とともに生まれてきたものです。

理論編：イエナプランの基礎知識

🔴 イエナプランにおける「人間としての子ども」「人間の学校」

ペーターセンは、第1次世界大戦後、また彼の考え方に感銘を受けオランダにそれを広めようとしたフロイデンタールは、第2次世界大戦後の時代に、二度と戦争を生まない社会を作るために、学校づくりに取り組んでいたのではないかと思います。彼らは、学校を「人間の学校」と呼び、「人間としての子ども」を育てる場にしようとしていました。学校を、外からの圧力や大きな権力の影響下に置かず、子どもを工場の一歯車あるいは軍隊の一兵士ではなく、個性ある一人ひとりの人間として育てることを目指していたのです。

🔴 ペスタロッチの影響

それは、ペーターセンの下の『小さなイエナプラン』の言葉からもうかがえます。

学校は、単に知識やスキルの伝達活動を効果的に行うという「機能」だけのために、そこにいる人々を組織の部分として捉える場であってはならず、子どもも教員も保護者も全員がそれぞれに個性を持ち個性を尊重されて、平等の価値を認められて構成する「共同体」でなければならないと考えたのです。それは、新教育運動や全人教育の思想的祖の一人と言えるペスタロッチが、「頭と心と手による発達」と表現したように、認知的能力だけではなく、情操や社会性、表現力や創造性などの非認知的能力をも含むトータルな人間像を求めた学校のあり方でした。

　人は、その人の頭だけとか手だけといった、何か身体の一部の能力だけを求めて、すなわち、その人の書く字がきれいだからとか、その人の言語能力が優れているからとか、組織力があるからとか、技術が優れているからとか、秀才だから、といった理由で、能力を求められることは決してなく、常にトータルな（全人格的な）人として待遇される。したがって、このように、学校共同体が、養育や共同体についてのこうした理念を持って真剣に取り組んでいるところでは、人々は、外部の世界全体を通して、「生きた人間に向けた養育」のために必要なすべての内容を実現するための試みとみなし判断する。それは、公立学校という枠組みのなかで、ペスタロッチのいう「人間の学校」という語の最も深い意味において、この理念を実現しようとするもので、人間が持つ可能性を最大限に生かして、理想を現実に近づけようとするものである。この意味で、こうした学校こそは、純粋に科学的で子ども学的（ペダゴジカル）な意味で学校だと言える。

ペーター・ペーターセン『小さなイエナプラン』より

▶ イエナプランの魅力

ペーターセンが描いた理想の学校

● 生きて学ぶ共同体としての学校

　ペーターセンがイエナ大学の実験校での試みを報告した『小さなイエナプラン』には、彼が目指していた学校の姿について、さまざまな記述があります。その最も大きな根幹となる考え方は、学校そのものを、子どもたちが生きて学ぶ共同体と考えることでした。

　複数の人間によって構成される「社会」を意味するものとして、ドイツ語ではゲマインシャフトとゲゼルシャフトという対になった２つの言葉があります。ゲマインシャフト（共同体）は地縁・血縁・友情などで結びついた自然発生的な社会のことで、ゲゼルシャフト（利益社会）は利益や機能を優先的に追求していく社会のことです。

　ペーターセンは、この２つの社会のあり方に言及しており、学校はゲマインシャフト（共同体）でなければならないと考えました。近代化が引き起こした都市化と産業化によって人々のつながりの基盤が著しくゲゼルシャフトに傾いていくなかで、学校もまた、そうした利益追求型の社会に向けて組織されていたことに対する批判だったとも言えます。学校を、かつての伝統的社会に似た、しかし個々人の個性の尊重を基盤として新たに創生されるゲマインシャフトとすることで、学校教育を、人間の機能や利益のためだけでなく、自らの力を信じ、他者とともに共同体を支え改良していく人間の育みに変えようとしていた、と言えるでしょう。

●〈教える〉から〈育む〉へ

　このことは、新教育やオルタナティブ教育の根本原理とも言える、学校を、知識伝達の〈教える〉場から、子どもの発達の力を信じて〈育む〉場とする考え方につながっていきます。

　ゲマインシャフト（共同体）では、人々はお互いを信じ、受け入れ合い、子どもの育ちを見守り育てるものであるのです。ペーターセンは、フォーマルな教育や形成を意味するBildungという語を用いず、「養い育てる」という意味のErziehungという語を使って、区別しています。

● 学年制の破綻

　また、当時のドイツの学校における留年や落第の統計を引き合いに出して、学年制の学校、すなわち、「学年」という同年齢の子どもたちだけを集めてクラスを作り、画一・一斉に教員が一方的に教授する（教え授ける）学校教育のあり方が、どれほど多くの落第生を出しているかについて言及し、「学年制の破綻」と批判しています。つまり、「子どもというものは、同じ年齢になれば皆同じ能力を学び身につけられる」と考えることがいかに間違った考え方であるか、またその考え方がいかに近代の学校教育の主流になってきたかを指摘し、イエナプラン教育の根幹に、異年齢学級の考え方を据えたのでした。

理論編：イエナプランの基礎知識

🌸 インクルーシブな社会

　異年齢学級は、学級を個性のない複数の子どもたちから成る「集団」とみなすのではなく、一人ひとりの異なる個性に注目するものです。その異なる個性は、子ども同士の学び合いを刺激し、学びを子ども主体のものにしていきます。同時に、自分と他者の個性を受け入れ、違いを受け入れる学校共同体は、やがてその子どもたちが社会に出ていくときに、インクルーシブな社会への道を開きます（この意味で、イエナプラン教育の異年齢学級は、習熟度別の学級とは一線を画すものです）。

🌸 沈黙と静寂の学校

　教壇に立って教える一人の教員の方を向いて、子どもたちが黙って授業を受けるという古い学校に対して、ペーターセンは、異年齢の学級を作り、子ども同士の学び合いや協働を促しました。その一方で、子どもが沈黙して一人で深く思索したり、ほかの子から離れて一人で静かに仕事に取り組むことも尊重しました。

　対話を重視すると言っても、それは、一度に皆がガヤガヤおしゃべりをするものではなく、一人ひとりの発言に対して、ほかの人たちが真摯に耳を傾ける対話のあり方です。

　それは、イエナプランの学校が、今でも「静寂の学校」と呼ばれる理由でもあります。

🌸 普通の学校があるべき姿

　そして、ペーターセンは、上のような学校のあり方を、社会から孤立した学校としてではなく、普通の「国民学校」のあり方として求めていたのです。近代の学校が、利益追求の社会の道具になっていることを批判し、それとは異なる学校を普通校として広げることが、社会そのものを人間の社会にしていくと考えていました。

ペーターセンが研究をしていた大学実験校時代の教室の様子（男女共学やグループ活動は当時はきわめて革新的だった）

▶ メソッドでなくビジョン

8つのミニマム（スース・フロイデンタール）

● 8つのミニマムの意義

　オランダに初めてイエナプラン教育を伝え、最初のイエナプラン・スクールの建設にかかわり、オランダ・イエナプラン教育財団を設置し、国に働きかけて教育法の改革にイエナプランの影響を及ぼさせるなど、オランダでのイエナプラン教育の普及のために尽力したのは、スース・フロイデンタールという女性です。「オランダ・イエナプラン教育の母」と呼ばれています。

　彼女は、第2次世界大戦の戦災から復興し、オランダの若い世代の人々が真の市民社会建設のために古い体制を脱ぎ捨てようとしていた1960年代のオランダの教育界に、イエナプラン教育を伝えました。1970年代に、国が、学年制の画一・一斉授業から、個別の子どもの発達を尊重した教育に向けて、新しい初等教育法の準備をしていった時代に、イエナプランの立場から、国の教育改革に息を吹き込んだ重要な存在でした。

　オランダのフロイデンタールは、ドイツのペーターセンの時代から40年後、異なる時代と異なる国で、ペーターセンの教育理念を「8つのミニマム」というエッセンスにまとめ、オランダでイエナプラン教育に取り組み始めていた教員たちに、目指すべき方向を明確に示しました。ミニマムとは、「これだけは最低限守りましょう」という意味で、教員たちにとって、目標を完遂することは困難かもしれないが、常に8つのミニマムに立ち返ることで、学校における日々の活動が可能な限り目指している方向に近づいていくように、たゆまず努力をし続けることを求めるものです。

　以下、その8つのミニマムの一つひとつの項目について簡単に説明しておきます。

●（1）インクルーシブな思考に向けた養育

　フロイデンタールは、まだ特別支援教育が議論されていなかった時代、すなわち「インクルーシブ」という言葉が教育界でもほとんど聞かれていなかった時代にこの用語を取り上げ、学校は、子どもたちが、やがてインクルーシブな考え方をする人間になるように育てていく場所であることを、何よりもまず第一の項目としてあげています。その背景には、まだ男女別学だった1920年代のドイツで共学を実現したペーターセンの実験校での実践があります。ペーターセンは、「普通校」は、男女両性、あらゆる階層や宗派、あらゆる才能の子どもたちを受け入れ同じように肩を並べて学ぶ場であるべきだと言っています。

　インクルーシブとは、今の日本の教育関係者が使っているように「特別支援教育」に限られたものではありません。それよりももっと広い意味のもので、文化的・宗教的な背景、社会階層的な背景、性別また性的指向性、障害の有無などによって人と人との間に境界線を引くことなく、すべての人を、人間として同じ価値の存在として認める態度を指しています。

　フロイデンタールは、この考え方が子どもたちに備わるような教育のあり方を求めました。

(2) 学校の現実の人間化と民主化

『小さなイエナプラン』のなかで、ペーターセンは、子どもたちを席に縛りつけることなく「動きの自由」を与えることや、学校社会のルールを自分たちで決めて守る「自治」の考え方を重視しています。徹底した子どもへの信頼です。また、子どもの養育の第一義的責任者である保護者の立場を重視し、学校を、子どもを中心として、それを取り巻く保護者たちと、さらにその周りを取り巻く教員たちが共に作る共同体とみなします。

1960年代という時代は、ヨーロッパ大陸でなぜ悲惨な戦争が起きたのか、この悲惨な出来事を二度と引き起こさないために人々はどうあるべきかということが人々の心を強く捉え、熱心に議論された時代でした。そのただ中にあったオランダで、フロイデンタールは、学校が、人間的で民主的な姿のものになることを訴え、ペーターセンの意志を引き継ごうとしました。

(3) 対話

対話は、ペーターセンが創始したイエナプラン教育において、最も重視されていた基本活動です。

対話を通して、人々は、想いを共有したり、意見の違いに気づけるようになります。対話は、一人ひとりバラバラに切り離された存在ではなく、単なる複数の人の集まりでもなく、人と人とをつなぎ一人ひとりの個性を認め、それが生かされる共同体の接着剤の役割を果たすのです。子ども同士の対話、子どもと大人の対話、大人同士の対話が、つながり感情を強化し、共同体を、ひいては学校そのものをより結束の固い人間的な社会にしていきます。

(4) 教育の人類学化

人類学化という言葉は少し難解ですが、ここで言われているのは、子どもを、単に学校の先生から知識やスキルを受け身に習うだけの「児童・生徒」としてみなすのではなく、生きて育つ存在と捉え、学校を、まさしく、子どもが人間として発達することを促す場にしようという意味です。

その場その場、その時々に、その子は、人間としてのどんな能力のどんな発達の段階にあり、周りの大人から何を必要としているのかを見極めながら、子どもの個別のニーズに合った養育をするということです。

イエナプラン教育では、「ペダゴジカルなシチュエーションづくり」とよく言います。日本語の教育学という語は、一般的にペダゴジーと翻訳されますが、元来「ペダゴジー」とは「子どもについての科学」という意味で、「ペダゴジカルなシチュエーションづくり」とは、子どもの発達についての科学的研究に基づいて、それにふさわしい状況を生み出すという意味です。

子どもを、生まれたときからさまざまな幅広い分野で発達する生きた人間と捉え、それに基づいて学校教育を企画・組織する。それが、人類学に基づいて学校教育を実施するという意味です。

● （5）ホンモノ性

　この「ホンモノ性」の語は、英語ではオーセンティシティ（Authenticity）という言葉に当たります。「真正であること」を意味しています。しかし、学校にホンモノを求めるとはどういうことでしょうか。ここには、2つの意味があります。一つは、学びの対象のホンモノ性です。わかりやすく言えば、子どもたちが学ぶ際に、教科書やノートや図表など、紙に書かれた概念を用いるだけではなく、可能な限り、ホンモノの事物を使うということです。2つめは、人のあり方としてのホンモノ性です。すなわち学校では、子どもは当然ですが、大人たちも、「教員」や「保護者」という役割に期待される言動にとらわれることなく、どの人も人間としてホンネでかかわり合うことを意味しています。

● （6）自由

　ペーターセンは、学校が、何らかの利益追求に向けられた社会ではなく、外からの圧力を受けることなく独立の存在として自律的に秩序を守る共同体となることを求めました。しかし、そのためには、共同体は、その成員たちが、共同で自らの秩序に責任を持たねばなりません。また、人々が責任を持って行動する共同体であるためには、一人ひとりの成員が自由を保障されていなければなりません。自らの自由な意見を発言し、他者の自由を受け入れて、他者と共に、よりよい、よりクリエイティブな問題解決に取り組めるようにしておかなければならないのです。

● （7）批判的思考に向けた養育

　批判的思考とは、英語でクリティカル・シンキングといいます。「批判」という日本語は、とかくネガティブなイメージを引き起こしますが、必ずしもそうではありません。批判的思考という語は「自分の頭で考えること」と置き換えることができるでしょう。大人の言葉も含め、ほかの人が言ったことを鵜呑みにせず、自分の頭で考えてみるということです。たとえば、新聞やテレビなどマスメディアのニュース、政治家の言葉や広告など、自分が情報源そのものを直接確かめることができない情報について、情報源の権威や名声に安易に左右されることなく、独立して、自分で納得できるまで確かめながら考える力のことです。

　他者の言葉を鵜呑みにする人間は、自分の言動にも責任を持たない人間になります。まだ見ぬ未来のさまざまな問題は、大人が教えてくれる過去の知識や経験からだけではなく、情報源に直接アクセスしたり、自らの頭で批判的に考えたりする態度があって初めて、真の解決へと導かれていくものです。

● （8）創造性

　絵や詩や音楽など、芸術作品による表現形式は、子どもたちの創造的な力を養います。新教育やオルタナティブ教育では、子どもたち自身の感情や思いを表現する活動を重視してきました。

イエナプラン教育でも、とくにペーターセンの妻エルス・ペーターセンが中心となり、音楽教育に力を入れています。

また、創造性は、子どもたちの自由で主体的な思考による自主的な学びの企画、子どもたち同士の協働学習の成果としても現れます。

●ムーブメントとしてのイエナプラン

ところで、フロイデンタールがイエナプランのエッセンスとして示したこの「8つのミニマム」は、その一つひとつの項目について逆の姿がどのようなものであるかを考えてみると、改めてその意味が明確になります。試みに、それを対照的に下のように表にしてみました。こうしてみると、かつての学校、そして、今も多くの学校が、「8つのミニマム」とは正反対の状態にあることがわかるのではないでしょうか。場合によっては、むしろ逆の状態こそを「学校のあるべき姿」として進んで受け入れているケースすらあるように見えます。

そう考えるとき、ペーターセンやフロイデンタールが目指していたのは、何か、従来とは形式の異なる学校を作ることではなく、これまでの学校に対する強い批判であり、そのために教員や保護者を巻き込んで子どもたちのために起こそうとしたムーブメントであったことが、明らかになります。

インクルーシブな思考に向けた養育	エクスクルーシブな思考に向けた教育
学校の現実の人間化と民主化	学校現実の非人間性と非民主制
対話	対話なき教室や学校
教育の人類学化	機械的教育
ホンモノ性	非真正性
自由	不自由
批判的思考に向けた養育	批判的思考をしないようにする教育
創造性	非創造性

オープンモデルとしてのイエナプラン

20の原則（オランダ・イエナプラン教育協会）

🔴 オランダのイエナプラン・スクールの共同宣言

　オランダにおけるイエナプラン教育の普及と発展に情熱的に努力したスース・フロイデンタールが1986年に亡くなった後、第1世代のオランダのイエナプランナーたちは、「8つのミニマム」の精神を受け継ぎつつ、さらに、イエナプランの精神を「20の原則」にまとめ、1992年に、当時オランダ・イエナプラン教育協会（NJPV）に参加していたイエナプラン・スクールの全員一致の合意に基づいてこの原則を採択しました。以後、今日まで、オランダのイエナプラン・スクールは、学校要覧に必ずこの「20の原則」を掲載しなければならないことになっています。
　「20の原則」は、まず、1～5の原則において、イエナプラン教育が目指す理想の人間像が、そして6～10の原則では、理想の社会像が描かれています。彼らが理想と考えるこれらの人間像や社会像に向けて子どもたちを育てていくにはどうすればよいか、その基本的原則は何であるかを明らかにしたものが、11～20の原則です。
　「20の原則」の日本語訳は、22頁に見開きで掲載しています。ぜひ一度目を通してみてください。

🔴 イエナプランは人間をどう捉える？

　20の原則1～5項目は、イエナプランが人間をどのような存在として捉え、どうあるべきと考えているかを記したものです。
　イエナプランでは、何よりも、人間が一人ひとり、ほかにはかけがえのないユニークな存在であることを出発点にしています。その一人ひとりの個性ある人間は、それぞれ独自の成長をする権利を持っていると考えます。この権利は、その人が持って生まれてきた素質にも、また、生まれ落ちてきた背景にも一切かかわりなく平等に認められているものです。その人は、周囲の自然や文化、また、現実と、その人だけにしかない独特の関係を持ち、常に、その人にしかないひとまとまりの人格を持った人間として受け入れられ、文化の継承者であると同時に改革者として認められます。

🔴 イエナプランが描く理想の社会とは

　さらに、20の原則6～10項目では、一人ひとりがユニークな存在であることを認めたうえでイエナプランがどんな社会を理想の姿として描いているかが書かれています。一人ひとりのかけがえのない価値が尊重され生かされる社会、すなわち、個性の違いや成長による変化をお互いが受け入れ合い、それぞれの価値を生かして、地球と世界を大切にし、自然と文化の恵みを未来世代のために責任を持って手渡していく人々から成る社会が、イエナプランが描く理想の社会像です。

理論編：イエナプランの基礎知識

🔴 イエナプランが目指す理想的な学校とは？

　20の原則11〜20項目は、1〜10項目で、人間や社会についての理想像を描いた後で、その理想像に向かって学校を組織していくための枠組みを描いています。

　そこでは、学校が外の影響から独立していること、学校共同体の成員たちがビジョンを共有していること、生きた経験世界での学び、子ども学的に周到に考慮された学びの環境、（対話・遊び・仕事・催しの）4つの基本活動による日課、異年齢グループによる学級編制、自立的な学習とグループ・リーダーによる指示や指導による学習とのバランス、ワールドオリエンテーションの重視、相対評価でなく子ども一人ひとりの個別の成長過程を踏まえた考え方、また、学校職員の恒常的な学びによる終わりのない改善努力、などがあげられています。

🔴 オープンモデルとしてのイエナプラン

　8つのミニマムや20の原則は、学校にかかわる人たちが、同じビジョンを共有して、子どもたちの発達を見守るためにあります。ビジョンが共有されていれば、それをもとに、教員たちが常にお互いの意見を出し合い自らを振り返りつつも、現場にいる自分の目の前の子どもたちの様子や、地域の環境などを考慮して、自由に創意工夫して教育活動を組織していくことができるからです。

　つまり、8つのミニマムや20の原則は、教員たちが、教育のビジョンを共有しつつも、一人ひとりが、誰からも影響を受けることなく独立して、また、自らを批判的に振り返りながら、新しい状況での新しい問題に、常に、自由裁量を持って創造的に取り組んでいくことができるための枠組みなのです。

　このことを、イエナプランでは「オープンモデル」と言っています。

　ここでとくに注意したいのは、「オープンモデル」を「なんでもありの自由放任」だと誤解してはならないということです。8つのミニマムや20の原則は、校長室の壁や玄関に飾る標語ではありません。ただ、外部の人や保護者が喜ぶような美辞麗句を並べ、あとは「何をしていても勝手だ」というのが「オープンモデル」ではないのです。

　むしろ逆で、教職員一人ひとりの専門性を信じているからこそ、その独立性や自由を保障するために、最低限、これだけは共有して、お互いに対話を重ねながらよりよい教育活動を展開していこうという、いわば共同宣言であり、共同体としてアクティブに教育活動にかかわるための意思表示でもあるのです。

オランダ・イエナプラン 20の原則

人間について

1. どんな人も、世界にたった一人しかいない人です。つまり、どの子どももどの大人も一人一人がほかの人や物によっては取り換えることのできない、かけがえのない価値を持っています。

2. どの人も自分らしく成長していく権利を持っています。自分らしく成長する、というのは、次のようなことを前提にしています。つまり、誰からも影響を受けずに独立していること、自分自身で自分の頭を使ってものごとについて判断する気持ちを持てること、創造的な態度、人と人との関係について正しいものを求めようとする姿勢です。自分らしく成長して行く権利は、人種や国籍、性別、(同性愛であるとか異性愛であるなどの) その人が持っている性的な傾向、生れついた社会的な背景、宗教や信条、または、何らかの障害を持っているかどうかなどによって絶対に左右されるものであってはなりません。

3. どの人も自分らしく成長するためには、次のようなものと、その人だけにしかない特別の関係を持っています。つまり、ほかの人々との関係、自然や文化について実際に感じたり触れたりすることのできるものとの関係、また、感じたり触れたりすることはできないけれども現実であると認めるものとの関係です。

4. どの人も、いつも、その人だけに独特のひとまとまりの人格を持った人間として受け入れられ、できる限りそれに応じて待遇され、話しかけられなければなりません。

5. どの人も文化の担い手として、また、文化の改革者として受け入れられ、できる限りそれに応じて待遇され、話しかけられなければなりません。

社会について

6. わたしたちはみな、それぞれの人がもっている、かけがえのない価値を尊重しあう社会を作っていかなくてはなりません。

7. わたしたちはみな、それぞれの人の固有の性質（アイデンティティ）を伸ばすための場や、そのための刺激が与えられるような社会をつくっていかなくてはなりません。

8. わたしたちはみな、公正と平和と建設性を高めるという立場から、人と人との間の違いやそれぞれの人が成長したり変化したりしていくことを、受け入れる社会をつくっていかなくてはなりません。

9. わたしたちはみな、地球と世界とを大事にし、また、注意深く守っていく社会を作っていかなくてはなりません。

10. わたしたちはみな、自然の恵みや文化の恵みを、未来に生きる人たちのために、責任を持って使うような社会を作っていかなくてはなりません。

学校について

11. 学びの場（学校）とは、そこにかかわっている人たちすべてにとって、独立した、しかも共同して作る組織です。学びの場（学校）は、社会からの影響も受けますが、それと同時に、社会に対しても影響を与えるものです。
12. 学びの場（学校）で働く大人たちは、1から10までの原則を子どもたちの学びの出発点として仕事をします。
13. 学びの場（学校）で教えられる教育の内容は、子どもたちが実際に生きている暮らしの世界と、（知識や感情を通じて得られる）経験の世界とから、そしてまた、＜人々＞と＜社会＞の発展にとって大切な手段であると考えられる、私たちの社会が持っている大切な文化の恵みの中から引き出されます。
14. 学びの場（学校）では、教育活動は、教育学的によく考えられた道具を用いて、教育学的によく考えられた環境を用意したうえで行います。
15. 学びの場（学校）では、教育活動は、対話・遊び・仕事（学習）・催しという4つの基本的な活動が、交互にリズミカルにあらわれるという形で行います。
16. 学びの場（学校）では、子どもたちがお互いに学びあったり助け合ったりすることができるように、年齢や発達の程度の違いのある子どもたちを慎重に検討して組み合わせたグループを作ります。
17. 学びの場（学校）では、子どもが一人でやれる遊びや学習と、グループリーダー（担任教員）が指示したり指導したりする学習とがお互いに補いあうように交互に行われます。グループリーダー（担任教員）が指示したり指導したりする学習は、特に、レベルの向上を目的としています。一人でやる学習でも、グループリーダー（担任教員）から指示や指導を受けて行う学習でも、何よりも、子ども自身の学びへの意欲が重要な役割を果たします。
18. 学びの場（学校）では、学習の基本である、経験すること、発見すること、探究することなどとともに、ワールドオリエンテーションという活動が中心的な位置を占めます。
19. 学びの場（学校）では、子どもの行動や成績について評価をする時には、できるだけ、それぞれの子どもの成長の過程がどうであるかという観点から、また、それぞれの子ども自身と話し合いをするという形で行われます。
20. 学びの場（学校）では、何かを変えたりより良いものにしたりする、というのは、常日頃からいつでも続けて行わなければならないことです。そのためには、実際にやってみるということと、それについてよく考えてみることとを、いつも交互に繰り返すという態度を持っていなくてはなりません。

※日本イエナプラン教育協会HPより

▶ イエナプランが目指すクオリティ

6つのクオリティ（ケース・ボット『イエナプラン21』）

● 学校活動をうまく組み立てるための6つの観点

　理科教育の発展に興味を持ち、スース・フロイデンタールに出会って、若い日に彼女と共に米国を訪れ、異年齢学級や探究学習について調べたケース・ボットは、のちに、オランダ・イエナプラン教育協会の研究主任として、オランダにおけるイエナプラン教育の発展に中心的役割を果たしました。前項で紹介した「20の原則」も、ケース・ボットが同僚のケース・フルヒデンヒルと共に作った草案が元になっています。

　ケース・ボットは、教員養成や現職教員の研修にもかかわり、1997年に『21世紀に向かうイエナプラン教育』（略して『イエナプラン21』）という本を出版し、オランダ・イエナプラン教育の理論的基礎を築きました。

　なかでも、その第4章に書かれている「6つのクオリティ特性」と呼ばれるものは、学校活動を組み立てる際に枠組みとなる考え方で、今日でも、多くの学校がこの枠組みに準拠してカリキュラムを企画・構成しています。

　6つのクオリティのそれぞれについて、以下、要約的に説明しておきます。

● クオリティ特性1　経験の重視

　子どもたちが、経験を通して学べるようにすること。それは、子どもたちに何かを経験させて学ばせることと、子どもたちの経験を学びに利用することの両面があります。そのために教員が留意しなければならないこととして、子どもが複数の活動の選択肢から(1)**選べること**、グループ・リーダーが子どもたちと会話をする際に、(2)**子どもの経験を重視し、子どもたちの感情に注意深くかかわること**、子どもたちがたくさんの経験を得られる(3)**豊かな学習環境を作る**ことなどをあげることができます。

● クオリティ特性2　発達の重視

　学校が子どもたちの発達のためにあることは言うまでもありません。しかし、現存する学校が、常に、すべての子どもの発達に配慮し、それを保障しているかと振り返ってみると、必ずしもそうとは言えない学校が多いのではないかと思います。イエナプラン教育がオランダで普及していった1970年代、オランダ教育界では、広く、レフ・ヴィゴツキーの「最近接発達領域」の理論が一世を風靡していました。これは、やさしく言うと、一人ひとりの子どもに対して、それぞれ、今何ができるかを見極めたうえで、**それよりも少しむずかしいところ、大人のガイダンスがあれば自分でやれるようになる可能性があるところを常に見極めながら、そこを学べるようにする**ということです。それが、それぞれの子どもの発達を確実に促す、発達を重視した教育活動であるという意味です。

理論編：イエナプランの基礎知識

● クオリティ特性3　協働（生と学びの共同体）

　現在、オランダ・イエナプラン教育協会のなかでも、現職教員研修に関して指導的な立場にあるヒュバート・ウィンタースとフレーク・フェルトハウズは、彼らが2014年に刊行した本に『イエナプラン教育　共に生きることを学ぶ学校』というタイトルをつけています。それは、学校共同体の建設を目指していたペーターセンのビジョンを受け継ぎ、学校は、子どもたちが「共に生きて働く（学ぶ）」ことを学ぶ場であると考えたからです。

　そのためには、学校では、共に話し、共に遊び、共に学び、共に催し、共に決定を下し（自治）、お互いに助け合ったり思いやったりすることを学ぶ時間や場所がなければなりません。

● クオリティ特性4　世界に目を向けている

　イエナプラン・スクールでは、ワールドオリエンテーションがその中心にあると言われています。それは、子どもたちの**身近な経験世界にある事物や現実を経験し、発見し、探究する**ことです。

　ワールドオリエンテーションは、単に、社会と理科を組みあわせたものではなく、すべての教科につながるもので、教科間の壁を越えて、**ホンモノの事物の不思議**をきっかけとした探究に取り組んでいくことを指しています。そして、そこから、世界がどのような仕組みで動き、世界にどんな問題があるのかを学んでいきます。

● クオリティ特性5　批判的思考

　イエナプラン教育は、人間的でエコロジカルな持続可能性の高い共同体の建設を目指しています。そして、社会や文化における変化に対して、常に、**批判的な思考（人の言葉を鵜呑みにせずに自分の頭で考えること）によって見直すことのできる力**をつけるようにします。それは、家庭や学校という子どもたちの日常の場において始まり、常に、世の中のあらゆる出来事に対して、**批判的に自分自身の目で評価する姿勢**を促します。そうした姿勢は、子ども同士、または子どもと大人の対話を通して養われていきます。

● クオリティ特性6　意味・意義のある学び

　イエナプラン教育は、子どもたちと共に、**生きることの意味**を考えます。それは同時に、今自分が学んでいることに意味があることを子どもたち自身が理解できているということです。生きることの意味は、学力を伸ばすための学習だけではなく、お話・詩・音楽に耳を傾けたり、ダンスやスポーツや絵画を見たり、お祈りをしたり、瞑想に耽ったりするなど、一見、受け身に見える活動であることも多いです。しかし、そういうときにこそ、子どもたちは生きることの意味を学びます。

　哲学をしたり、静寂な時間に深くものを考えるなどの時間や場所を、子どもたちのために、意図して準備するようにします。

▶ イエナプランが目指すクオリティ

コア・クオリティ（オランダ・イエナプラン教育協会2009）

🍒 グローバル化社会のなかでイエナプラン教育が持つ意味

　オランダ・イエナプラン教育協会に属している学校は、2009年、イエナプラン・スクールの質を維持し向上させていくための指標として、コア・クオリティを共同で採択し、これをイエナプラン・スクールとして公認されるための条件として、公表して学校活動に当たることをお互いに義務づけました。

　以後、オランダのイエナプラン・スクールでは、このコア・クオリティを自校の実践を見直し評価するために使い、また、広域の地域でイエナプラン・スクールの地域リーグを作り、お互いに協働して質の向上を図るために、コア・クオリティの枠組みに従って自己研修を展開するようにしています。

🍒 コア・クオリティの３つの要素とその意味

　人と人との関係や人とモノや出来事との関係を多く使うことで、子どもたちの人間としての成長を養い育むイエナプラン教育では、子どもたちが持っている３つの関係性を取り上げ、それぞれについていくつかの項目を立てて、学校での活動を見直す枠組みにしています。３つの関係性とは、一人ひとりの子どもたちの①自分自身との関係、②他者との関係、③世界との関係です。

　その内容は、右のページにあげています。

　また、その下の図に示しましたが、子どもたちが①自分自身とどのような関係を築いていくか、すなわち、自らの得意・不得意を認め、そこから当事者として何を学んでいかなければならないか、どんなことに挑戦していきたいかを見出すためには、②自分の周りにいるさまざまな他者が、どんな得意・不得意を持っているかを率直に認める力が必要です。逆に言えば、ほかの人たちの力や努力している様子が見えるときに、自分自身の価値や挑戦課題も見えてくるのです。すなわち、コア・クオリティの３つの要素の初めの２つは、お互いに相互補完的なものです。

　さらに自分や他者の得意・不得意や価値は、そこに生きた現実の世界という背景がある時にはっきりと見えてくるものです。生きた現実の世界は、自らの価値や他者の価値を見出すうえでなくてはならないものなのです。

　ですから、③世界との関係もまた、①や②との相互作用のなかから現れてくるものであると言えます。

> 　一人ひとりの個別の人生は、グループのなかにあってグループの力を借りて、開かれていくものだ。なぜなら、共同体のなかでのみ、共同体を通してのみ、個性はそれぞれのパーソナリティに発達し、強化されるものだからだ。
> 　　　　　　　　　　　　　　　　　　　　　　　ペーター・ペーターセン『小さなイエナプラン』より

理論編：イエナプランの基礎知識

　イエナプランのコア・クオリティは下記の3つの関係、12項目から成ります。

子どもの、自分自身との関係

1-1　子どもたちは、自分に能力があると感じられるように、クオリティ（得意なこと）や挑戦（不得意なこと）が何であるかを言葉にして表し、向上のために努力することを学ぶ

1-2　子どもたちは、自分が何を学びたいか、何を学ばなければならないか、いつ説明を必要とするのか、どのように計画を立てなければならないかについて、自分で責任を持つことを学ぶ

1-3　子どもたちは、自分自身の発達の進み方に応じて評価される（＊他者や標準との比較においてではなく）

1-4　子どもたちは、自分の発達について振り返り、それについてほかの人と話し合うことを学ぶ

子どもの、ほかの人との関係

2-1　子どもたちは、異年齢の子どもたちから成るファミリー・グループのなかで成長する

2-2　子どもたちは、協働すること、ほかの子どもたちに何かを与えたり、ほかの子どもから何かを受け止めたりすること、またそれについて振り返って考えてみることを学ぶ

2-3　子どもたちは、ファミリー・グループや学校のなかで、誰もが正当に認められ安心だと感じられるような調和のある共同生活に対して責任を持ち、物事の決定に共にかかわることを学ぶ

子どもの、世界との関係

3-1　子どもたちは、生きたホンモノの状況にかかわり、そのなかで学ぶということを学ぶ

3-2　子どもたちは、周囲の環境を大切にすることを学ぶ

3-3　子どもたちは、世界について知るために、学校が提供する学習内容を、ワールドオリエンテーションのなかで応用する

3-4　子どもたちは、リズミカルに組まれた日課に沿って、遊びながら、仕事をしながら、対話をしながら、また共に催しに参加しながら学ぶ

3-5　子どもたちは、自らの関心や自らの問いに基づいて自分から主体的に取り組むことを学ぶ

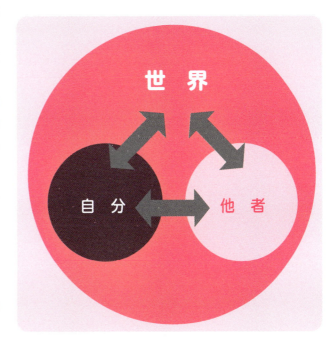

▶ イエナプランが目指すクオリティ

7つのエッセンス (ヒュバート・ウィンタース&フレーク・フェルトハウズ)

●学校がよりよい社会の礎になるために

　イエナプラン教育について、「でも、イエナプラン・スクールで学んだ子どもたちは、どんな大人になるのですか」「イエナプラン教育でも子どもたちは学力がつくのですか」という質問をよく受けます。今後、日本でもこうした質問は関係者にしばしば投げかけられるようになることでしょう。そのためには、私たちは、イエナプラン教育が、一人ひとりの子どもたちの幸福だけではなく、よりよい社会を生み出すために、そこで生きて働く子どもたちを育てているのだという自覚と確信を持っておく必要があります。

　このことは、すでに「8つのミニマム」や「20の原則」にもはっきりと示されていますが、学校での日々の教育実践のなかで、それは具体的には、子どもたちのどのような力を育てることなのでしょうか？　子どもたちがどんな力をつけているときに、イエナプラン教育の効果が表れていると言えるのでしょうか？

　『イエナプラン教育　共に生きることを学ぶ学校』(ほんの木，Kindle版) の筆者であるヒュバート・ウィンタースとフレーク・フェルトハウズは、子どもたちが身につけるべき具体的な能力を、7つのエッセンスとしてまとめています。そして、それぞれのエッセンスを7つずつの項目でさらに具体的に表しています。それを右ページの表にまとめています。これらは、どれが先でどれが後でなければならないという順序はありません。時々、子どもたち一人ひとりの様子をみながら、「この子は、この項目はうまくできているから褒めてあげよう」「ここはまだ少し足りないようなので刺激してみよう」というふうに考えるための材料になります。

　オランダのイエナプラン・スクールのひとつ、ドクター・スハエプマンスクールでは、この7つのエッセンスのそれぞれの項目を、もっと子どもたちが自分でも理解できるようにするために、教職員がお互いに話し合い、わかりやすい表現に置き換え、ポスターにして教室の壁に貼っています。こうすれば、子どもたちは、教員から評価されなくても、自分たちで見直すことができるからです。

　たとえば、7つのエッセンスのひとつ「プレゼンテーションする」には「聴衆とのコンタクトをとる」という項目がありますが、そこにさらに「見ている人たちの様子に合わせて声の調子を変えている」「見ている人たちの様子によってプレゼンテーションの仕方を変化させている」「見ている人たちの質問に答えている」といった内容を加えました。

　こうした話し合いの作業は、7つのエッセンスを、ただ、出来合いのものとして受け止めるのではなく、それに対して教職員チームのメンバーが実際に考え、理解を共有するきっかけになります。ぜひ、皆さんの学校でも、それぞれ独自のポスターを作ってみてはどうでしょうか。

	物事に進んで取り組む	計画する	協働する	生み出す	プレゼンテーションする	リフレクションをする	責任を持つ
ネットワーキング		一定の期間がどのように進んでいくかを言える	ほかの人たちと分け合う	何か新しいことや新しい論拠を思いつく	クラスメートの前に立つ	何が起きたのかを言える	なぜ、自分がそれをしているのかを説明できる
イニシアチブを取る		自分が何をしなければならないかを言える	ほかの人に「考える時間」を与える	常に問いかけ続ける	自然で自分らしく行動する	自分が何を学んだかを言える	自分で教材を取り出し片付けることができる
探究する		何かあることをするためにどれぐらい時間が必要かを推計できる	ほかの人の立場に立ってみる	何か替わりのアイデアを思いつく	聴衆とのコンタクトを取る	フィードバックを受け止める	自分のことを大切にし、集団のことも大切にできる
才能を使う		物事を手際よい順序でやれる	説明に従ったり、説明を与えたりする	困難があっても諦めずに努力しやり遂げる	ジェスチャーを使う	フィードバックを与える	自分で誰かに説明を求めることができる
志を高く持つ		自分自身の学習目標を設定できる	ほかの人を助ける	自分自身のベストを尽くせる	はっきりとした言葉と声を使う	自分の行動を評価する	自分が今夢中になっていることについてクラスの仲間に説明できる
目標意識を持って考える		1日の計画や1週間の計画を立てることができる	人からの助けを受け取る	容易にほかの発想に切り替えられる	自分の考えをうまく言葉で表す	自分の仕事について自分で見直し評価する	なぜ、私たちはこのようなルールを持っているのか、を説明できる
情報を探す		計画を、手遅れにならないうちに修正できる	約束を守る	ほかの人のアイデアに柔軟に合わせられる	自分の発表やプレゼンテーションをよく考えてうまく行える	自分自身の発達を人にプレゼンテーションする	なぜ、あることをやらなかったのかの理由を説明できる

▶ イエナプランの基本的要素

　これまでに述べてきたペーターセンの「小さなプラン」、フロイデンタールの「8つのミニマム」、オランダ・イエナプラン教育協会の「20の原則」と「コア・クオリティ」、ケース・ボットの「6つのクオリティ」、ウィンタースとフェルトハウズの「7つのエッセンス」などの考え方に基づき、イエナプラン・スクールは、次にあげる要素を大きな特徴として、学校教育活動を展開しています。それぞれについての詳しい内容は、次の実践編で説明します。

●異年齢学級
　イエナプラン・スクールでは、通常、3学年（幼稚園では2つの年齢集団）の生徒たちから成るファミリー・グループと呼ばれる異年齢学級が基本単位になっています。子どもたちは、同じ学級で3年間過ごし、年少・年中・年長という異なる立場を経験します。

●4つの基本活動
　イエナプラン・スクールでは、4つの基本活動をもとに学校での活動を企画します。それは、対話・遊び・仕事・催しの4つです。

●リズミックな時間割
　毎日の日課は、教科ごとに区切られてはおらず、上の4つの基本活動が循環するように決められています。そこでは、子どもたちのバイオリズムに合わせ、集中して学ぶ時間と身体を動かしたり話したりしながら学ぶ時間とが、交互になるようにします。また、すべての時間を科目ごとに同じ長さで区切るのではなく、その日の子どもたちの雰囲気や活動への関心の度合いなどを考慮して柔軟に伸ばしたり短縮したりできるようにしています。

●ワールドオリエンテーション
　科目の壁を越えて、生きたホンモノの題材をもとに、子どもたちが、協働で探究する学びです。ワールドオリエンテーションは、イエナプランのハートと呼ばれており、子どもたちの学校生活のすべてにかかわるものです。
　つまり、ワールドオリエンテーションのテーマは、遊びや催しのテーマにもなるし、教科学習の内容にも可能な限り反映されます。たとえば、読書や作文ではこのテーマが使われ、算数で学ぶ内容は、探究や報告の際に関連づけられます。また、音楽・図画・体育などの表現活動にもテーマを反映させることができます。

●生と学びの共同体
　学校は、子どもたちが1日の大半を過ごす場です。イエナプラン・スクールでは、学校を「生と学びの共同体」と呼び、家庭と同じように、生活の場として考えると同時に、教員は、子どもたちの学びをファシリテートする養育者であると考えます。
　また、学校は、子どもたちを中心に、養育の第一義的責任者である保護者と、子ども学的な立場から育ちを支援する教員によって作られる「学校共同体」とみなされます。

理論編：イエナプランの基礎知識

> ▶ グループづくり

違いから学ぶためのグループ

🌸 授業技術から、子ども学的状況づくりへ

　これまでの学校では、単元を「どう教えるか」、できるだけ多くの子どもが理解できるようにするには「どんな教材を使って、どんな教え方をするのがよいか」というように、とかく教員がクラスの子どもたち全員のグループに対してどう教えるかという授業技術に著しく重きを置いてきました。

　また、日本で総合的な学習の時間やゆとりを学校に取り入れようとしてもうまくいかなかったのは、「先生がダメだったからだ」という言葉もよく聞きます。これも、学校の教育は、先生の力量一つにかかっていると考えるのが当然だと思われていて、それを改善するには、先生たちに授業の技術を身につけてもらわなければならない、と考えがちであるためです。実際、日本の多くの小・中学校では、学校の規則として、授業の流れを事前に分刻みで書いた授業案を作って行わなければならないとしているところもあるようです。

　しかし、ペーターセンは、こうした授業技術、すなわち、何かの学びを子どもたちに教え授ける技術だけを問題にして教育の改善を考えることに反対しています。そうではなく、子どもたちが自分の方から学びたいという意欲を湧き起こすように、子どもの発達の仕方に注目して、与えるべきときに刺激が与えられる、子どもの方から内発的に学びたいという気持ちになる「子ども学的な状況（Pedagogical Situation）」を作ることを推奨しています。

　年齢や性別や、得意・不得意の違い、また、親の職業的背景や社会的地位などがさまざまに異なる子どもたちが、一堂に会してお互いから学び合える環境を作ろうとしたのです。そして、お互いの違いを学ぶきっかけとしての対話、違う者同士が力を出し合って共同の目的に取り組む協働を重視しました。

　異年齢から成るファミリー・グループ、4つの基本活動、リズミックな時間割、ワールドオリエンテーション（ファミリー・グループ・ワーク）、そしてそのための校舎や校庭などの物理的な環境づくりは、いずれもこの「子ども学的な状況」を生み出すことを目的として作られているものです。

🌸 違いが学びを刺激する

　対話や遊びは、そこに年齢や性格の異なる人がいるときに、よりいっそう、豊かなものになります。場合によっては、誤解やすれ違い、喧嘩も起きるかもしれませんが、そうした経験から、人は、自分とは何か、他者の価値はどこにあるのか、どうすればよい人間関係ができるのかについて学びます。

　自分にはできないことをできる人がいたり、自分には関心のないことに関心を持っている人がそこにいれば、自分もそうなりたいと向上心を燃やしたり、今まで気づかなかったことを発

見したりする機会にもなるでしょう。そして、自分自身も、周囲の人にこのような影響を与えられれば、周りの人にとっても、それは豊かな環境になるのです。

🔴 違いが学びを豊かにする

　複数の異なる人々と共に学ぶと、学び合いや助け合いが起きます。それは、自分一人で学ぶのよりも、ずっと豊かな学びです。

　また、観察や探究でも、自分の目2つだけで見たり探究するよりも、ほかに何人かの人がいれば、その目は4つ、6つと増え、自分一人では感得できなかったことに気づいたり、自分一人では関心がないために深く掘り下げることができなかったことを発見できたりします。

🔴 異なる他者と協働で生み出す喜びを学ぶ

　さらに、得意なことが異なる複数の人といれば、お互いの力を出し合うことができます。同じ年齢、同じ性別、同じ関心の人たちが集まるよりも、異なる年齢、異なる性別、異なる関心の人たちが集まっている方が、その集団のなかに生み出される力は、ずっと豊かなものになるのです。

　5人の子どもたちが、皆一様に同じ楽譜を見てピアニカを吹いていても、そこで聞こえてくるのはピアニカの音だけです。そうではなく、5人のそれぞれが異なる楽器を演奏していれば、5人が一緒に奏でる音は、5人のうちの誰一人として生み出せなかった音になるでしょう。人数が増え、一人ひとりの能力がさらにもっと多様なものになれば、共に作り上げるものの成果は、オーケストラの音のように豊かなものになります。

　一人の力を研ぎ澄ますことも大切です。しかし、それだけでなく、共に作り、共に問題解決の糸口を探り、共に創造的に解決に当たることも人間社会に必要な大切な能力です。学校は、協働の体験を子どもたちに積ませ、他者と協働して共に生きていく能力を子どもたちが学ぶためになくてはならない場であるのです。

▶ グループづくり

ファミリー・グループ

● 徒弟制をモデルにした異年齢グループ

　ペーターセンは、子どもたちが互いの違いから学べる環境として異年齢の子どもたちから成るクラスを考えました。そして、「クラス」という言葉は使わず、「グループ」と呼んでいます。ひとつの教室をベースにして、そこに集まる異年齢の子どもたちのグループを学校生活で最も基礎となるグループと考え、「根幹グループ」と呼びました。英語ではファミリー・グループと訳されています。日本でも、ファミリー・グループと言うことにしています。

　ペーターセンは、イエナ大学の実験校での経験から、3つの年齢から成る子どもたちのグループが最も理想的であるとしています。また、この3つ、すなわち、年少・年中・年長の子どもたちの関係を、ヨーロッパの伝統的な徒弟制度に倣い、弟子・熟練者・師匠の関係であるとも言っています。

● ファミリーとしての異年齢学級

　ファミリー・グループには一人の教員がつきますが、この教師のことを「担任教師」とは呼ばず、「グループ・リーダー」と呼びます。子どもたちとの関係は、人間としては同等でありながら、子どもたちにとって何がよいことで大切なことか、何が危険で避けなければならないことか、自らの大人としての経験を通して決める存在です。けっして、大人の都合や学校の都合で子どもたちの行為を縛る人ではありません。

　ファミリー・グループでの活動については、子どもたちにも発言の権利があります。とくに、皆が安心して心地よく過ごせるためにはどうすればよいかを子どもたち同士で話し合い、その約束事をルールとして決めます。ファミリー・グループには番号ではなく、名前がついており、教室の内装も、その名前をテーマに、子どもたちと一緒に飾ります。また、教室に置かれているものの配置も、毎年グループが変わるたびに、グループ・リーダーと子どもたちの話し合いで決めます。

　ファミリー・グループは、どの子にとっても安心・安全の場でなければなりません。誰かが安心できなかったり安全と感じられなかったりする状況が起きないように、毎日、サークル対話が重ねられ、問題が起きたときには、すぐに子どもたち自身が自分たちの問題として話し合えるようにしています。

● グループの文化継承と変革

　子どもたちは、ひとつのファミリー・グループで3年間を過ごします。1年経つごとに、年長の子どもたちは、また上のファミリー・グループに移り、新しく年少の子どもたちが入ってきます。こうすることで、ファミリー・グループのなかで新しいメンバーは、今までにあった

実践編（やってみよう）：イエナプランを教室・学校に取り入れるためのヒント

そのグループの文化を継承するとともに、自分たちの参加を通して、修正したり、改良したりしていきます。まさしく文化が世代交代によって継承され、変革されていくさまを、自ら体験するのです。

🍎 できる子・できない子がいない

　ファミリー・グループにすることの利点は、お互いから学ぶことができるということです。年齢が異なる子どもたちがいることで、個性や発達の程度が異なっていることが当たり前のものとして受け入れられるようになります。どの子どもも、自分のテンポに沿って学んでいくことが認められます。実際、年齢が違っていても発達の程度が同じ子どもはよくいるものです。また、ある分野での発達は進んでいても、ある分野では平均よりも進んでいたり遅れていたりします。そうした違いはどの子にもあるのが当たり前で、それが誰にでも受け入れられるようにします。

　その結果、イエナプラン・スクールでは、誰かが小学校にいる間ずっと「できる子」とか「できない子」になることはありません。どの子も、年少や年長を経験するので、ほかの子に助けられたり、ほかの子を助けることができるからです。

　これは、子どもの自尊心を守り、自己肯定感を持つ機会を増やします。

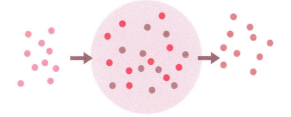

ファミリー・グループの編制は、子どもたちや保護者の希望をもとに、できるだけ希望が叶うかたちで教員たちが話し合って決めます。

▶ グループづくり

テーブル・グループ

● テーブル・グループも異年齢で構成

　イエナプランのファミリー・グループに似たものに、複式学級があります。しかし、複式学級では、教室のなかで子どもたちが学年グループごとに分かれて座り、それぞれ別々の授業を受けるのに対して、ファミリー・グループでは、異なる学年の子どもたちがいつも混ざって座っています。

　ペーターセンが、イエナ大学の実験校でイエナプラン教育を始めたときに最初にしたことは、床にクギで打ちつけられていた子どもたちの机をはずし、4、5人の子どもたちが座れるテーブルを教室に置いたことでした。伝統的な子ども用の机には、子ども一人ひとりが道具を入れる場所がありましたが、実験校のテーブルにはそれはなく、子どもたちの道具は、壁沿いに作られた棚に置かれるようになりました。

　テーブルの上には、小さな花瓶に本物の花が活けられ、子どもたちが、まるで家庭にいるように、安心で心地よい場が作られました。そして、このテーブル・グループに集まる数人の子どもたちも、3学年の年齢の異なる子どもたちが混ざっていました。

● 協働と助け合いのためのテーブル・グループ

　ペーターセンは、テーブル・グループのメンバーについては、とくに固定していなければならないという考えはなく、子どもたちが自分の活動にふさわしい場所を選んで、ほかの年齢の子どもと共に作業をしたり学んだりできればよいと考えていました。

　しかし、現在多くのオランダのイエナプラン・スクールでは、ある程度、テーブル・グループのメンバーを固定しており、学期ごとにその構成を変えるという形式をとっています。おそらくその方が、毎日席が変わるよりも落ち着いているからだと思います。

　テーブル・グループのメンバーを決める際には、年齢の違いもそうですが、得意・不得意な分野が異なる子どもたちがテーブル・グループに組み合わされるように工夫します。お互いがお互いの得意な分野を尊重し、自分の得意・不得意にも気づけるためです。また、得意・不得意はあって当然で、なべて同じようにどの子どもにも同じことができなければならないとは考えません。ある子は文章を読んだり書いたりすることが得意、ある子は人前で話すのが得意、ある子は数字を使うのが得意、ある子は絵を描くのが得意などといった才能を、テーブル・グループのなかで行う協働作業のために活かすのです。

　同時に、自分が不得意な分野をテーブル・グループの子から学ぶことで、自分が不得意だと思っている分野についても、もっと伸びようという気持ちが湧いてきます。

　このように、得意・不得意をもとにグループを決めるときには、右のページのマルチプル・インテリジェンスの考え方を使うと便利です。

● マルチプル・インテリジェンス

マルチプル・インテリジェンス（多重知能）は、ハーバード大学のハワード・ガードナーの理論です。人は、どれくらい優れているかではなく、どんなふうに優れているかと考えるべきだ、というインテリジェンスの見方です。

ガードナーによると、人の能力は8つの方向で優れていたり遅れていたりするもので、方向性が異なる能力をお互いに並べて比べることはできないと言います。しかし、従来の伝統的な学校では、言語や数学・論理での頭のよさをことさら強調し、それ以外のスマートさを軽視する傾向がありました。この理論は、そうした教員や学校が、これまでのような態度を改め、子どもたちのさまざまな方向でのスマートさに注目して、どの子どもにも優れた部分を認め、遅れている部分を刺激して隠れた才能を伸ばすには、どこに刺激を与えるとよいのか、気づけることを期待しています。

言語スマート	読書や作文が好き、語彙が豊富、言葉で理解したり説明したりするのが得意
数学・論理スマート	数に興味がある、物事を秩序立てて論理的に考えるのが得意
空間スマート	地図が描ける、ものを立体的に理解するのが得意
音楽スマート	歌を歌ったり楽器を奏でるのが好き、リズム感がある、旋律を覚えるのが得意
運動スマート	体を動かすことが好き、身体が柔軟、走ったり、ボールを使うなどが得意
人間関係スマート	人の感情に敏感、誰とでもうまく付き合える、リーダーシップを取るのがうまい
自然スマート	動物を飼うのが好き、植物を観察するのが好き、よく観察したり分類したりすることができる
内省スマート	深くじっくり物事を考えるのが好き、自分自身についてよく振り返られる

● マッチとストレッチ

ただ、注意しなければならないのは、ある人（ある子）の得意な分野は常に変化しており、固定的なものではないということです。誰でも、得意な分野は2、3の分野にまたがっているものです。また、時期を変えてやってみると、以前は得意でなかった分野が得意になったり、得意だった分野があまりそうでなくなっていたりもします。興味や関心が変われば、学びの意欲も変わります。とくに成長期にある子どもの場合、周りにいる人や環境の影響もあり、異なる分野での学習意欲も変化します。

ですから、ある時点で、ある子どもについて、「この子はこういうスマートなのだな」と気づいたとしても、それを「この子は運動スマートだ」「あの子は内省スマートだ」と決めつけてしまわないことが大切です。「今、この子はこういうところが強いが、それを活かした学び方は何だろう（マッチ）」と考えると同時に、「この分野には関心がなさそうだが、どうすれば興味を持ってくれるだろう（ストレッチ）」と考えることが大切です。今、その子が得意な分野を使ってその子にふさわしい学び方を選べるようにする（マッチ）と同時に、今はその子が不得意だと感じている分野も、力を伸ばすことを諦めないように刺激する（ストレッチ）ことが大切です。

▶ グループづくり

グループからコミュニティ（共同体）へ

● グループを越えた助け合いを学ぶチャンス

　学校全体をひとつの共同体とみなすイエナプラン・スクールでは、ファミリー・グループやテーブル・グループのなかでの子どもたちの助け合いのほかに、ファミリー・グループの枠を越えて、学校内で、年上の子どもたちと年下の子どもたちが助け合い、交流するチャンスを意図して作り出しています。

　ペーターセンも『小さなイエナプラン』のなかで、「上級生と下級生の間に容易に生じるギャップを回避するために〈代父制〉を採用したら、とてもうまくいった」と記述しています。〈代父制〉というのはキリスト教徒の伝統で、子どもが生誕すると、実の両親のほかに、叔父や叔母のなかから、「代父」「代母」を選び、子どもの親に何かあったときに責任を持ってその子を後見する人を決めておくというものです。

　ペーターセンが自分の学校で採用したという〈代父制〉とは、この伝統そのものではもちろんありません。そうではなく、小さい子どもたちが困っているときに、誰か年上の子どもたちが面倒を見るというやり方を推進したということです。それは、決まった子どもに、必ず同じ上級生が面倒を見るようにするというような形式的なものでもありません。

● 上級生が下級生を助ける

　オランダのイエナプラン・スクールでもしばしば行われている例をあげてみます。

　一つは、下級生の教室に上級生が訪問して学習の手伝いをする例です。よく行われているのは、本の読み聞かせです。読み聞かせの時間が来ると、上級生が下級生の教室に入って本を読んで聞かせます。また、下級生の読みの勉強を1対1で支援することもあります。このような活動は、自分自身読みの勉強で苦労した経験のある子が、同じように読みがうまくできない下級生を忍耐強く助けることができ、グループ・リーダーたちが連携して、注意深い配慮のもとで行えば、その下級生のためだけでなく、上級生自身の自己肯定感にもつながるというすばらしい事例になり得ます。

　また、ある学校では、下級生グループの教室と上級生グループの教室をひとつずつ隣り合わせにし、下級生が、教室で大きなものを動かしたり、何か催しの準備をするなどの際に、隣室の上級生に助けを求められるようにしています。

　後に詳しく述べますが、毎週行われる全校一斉の催しで、上級生が、下級生をリードしたり、助けたりすることもあります。

● 学校中の子どもたちが仲間

　実は、ファミリー・グループが3学年の年齢の異なる子どもたちから構成されていることは、

学校内の子どもたちがお互いによく知り合える理由でもあるのです。

　子どもたちはファミリー・グループのなかで、いつも年齢の違う子どもたちと一緒に勉強しています。初めは1歳上と2歳上の子どもたちと一緒に、そして3年目には1歳下と2歳下の子どもたちと一緒に、対話をしたり、教え合いをしたり、一緒に遊んだり、何か催しを企画したり、協働作業をするなどして過ごしています。つまり、3年間の間に、どの子も、2歳下の子から2歳上の子まで、5歳の開きのある子どもたちと、同じ部屋で一緒に学ぶ経験をしているのです。

　従来の学年制の学校に比べて、異なる学年の子どもたちの交流がずっと大きくなるのです。そしてそれが、学校共同体を作るうえで、とても重要な役割を果たします。

● 新入生をマン・ツー・マンで

　このことは、とりわけ、新入生へのオリエンテーションでも強調されます。オランダの小学校は、4歳になった誕生日の月から学校に通い始める仕組みになっており、クラス全員が一斉に入学する形式ではありません。一人ずつ、ポツポツ入ってきます。そのときに、そのファミリー・グループに前年からいた5歳の子が、マン・ツー・マンで新入生の面倒を見ます。学校での1日の流れ、トイレの行き方、教材や遊具の使い方、遊び時間の過ごし方などは、グループ・リーダーが一斉に教えるよりも、こうして、日々の生活のなかで、すぐ年上の子から学ぶ方が楽ですし、失敗を恐れることもありません。

　日本の学校では、もちろん、新入生は集団で入学してきますが、異年齢学級であれば、2年生や3年生が新入生とマン・ツー・マンでパートナーになり、日常のさまざまなことについて教えてあげることができます。新入生のときに世話をしてもらった経験は、年上になってほかの子の面倒をするときに役立ちます。

　学校共同体は、子どもたちによる自治的な共同体です。その周りを保護者が取り巻いて、学校のさまざまな活動を子どもたちのために担っています。学校の教職員は、保護者と共に、専門家として、子どもたちの全人的発達を見守ります。

> 私たちはクラス（学級）という言葉は使わずにグループという言葉を使う。これは、ただ新しい言葉に言い換えるというのではなくそれ以上の意味が含まれている。（中略）クラスとグループの違いは、社会と共同体（コミュニティ）の違いに呼応している。　　　ペーター・ペーターセン『小さなイエナプラン』より

> そのようなグループ（＊異年齢の生徒から成るファミリー・グループ）に集まっている子どもたちに、教師がみんなで一緒に前進するよう強制することは決してなく、むしろ、学校に行き始めた最初の日から、自由に、自主的に学び、きわめて自立的で、後に本書で「グループの規則」として説明している法（規則）のもと、子どもたちは、自分が、いつどう動くかについて完全に自由である。
> 　　　　　　　　　　　　　　　ペーター・ペーターセン『小さなイエナプラン』より

▶ 4つの基本活動

対話・遊び・仕事・催し

● 科目別の時間割の廃止

　イエナプラン・スクールでは、科目別に時間割を区切るという日課は使いません。そうではなく、1日の流れを、対話・遊び・仕事・催しという4つの基本活動を循環させて日課にしています。なぜなら学校は、科目ごとの知識やスキルだけを学ぶ場ではないからです。

　もちろん、読み・書き・算数といった学習の基礎となる力を身につけ、自然科学や社会科学の知識を学ぶことは大切ですし、イエナプラン・スクールでも、学力の発達を軽視しているわけではけっしてありません。しかし、子どもたちが人間としてトータルに成長するためには、それ以外の、たとえば社会性や自分の感情をうまくコントロールする力なども、学力と同じように大切だと考えているのです。子どもたちは、国語や算数などの基礎学力や、現実世界にある事象について探究する力を「仕事」として自ら養っていくほかに、対話や遊びや催しを通して、仕事で学んだ力を実際に使ったり応用したりしながら、社会性や情緒をコントロールする力を学んでいきます。

● 基本活動は人間の生活になくてはならぬもの

　ペーターセンは、この4つの基本活動は、古い時代から人間が自然に学び発達する際に使ってきた形式であると言っています。また、人間の生活にとって、この4つは、どれひとつとして欠かすことのできないものであるとも言っています。

　つまり、私たちは日頃の生活においても、人と話をし、仕事に従事し、遊びの時間を持ち、他者と共に何かのお祝いをしたり悲しみを共有したりするといった活動を、どれひとつとして欠かせないものとして暮らしているということです。ですから、学校でも、このような人間の生活の一部として欠かせない活動を、子どもたちの基本活動として学校の日課に組み入れることで、トータルな人間としての発達を保障しようとしているのです。

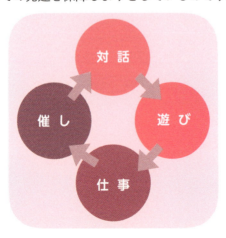

ファミリー・グループの10の利点

1. 年齢の違いは、確かに発達段階の違いを大きくすることにもつながるが、それは子どもたちの学習を妨げるというよりも、この違いが、子どもたちに、自らリーダーシップをとったり、ほかの子を助けたりするという態度の発達につながる。

2. 3年の開きのある子どもたちは、弟子・熟練者・師匠という、徒弟制度に似た関係性を育てる。つまり、年少者は師匠のような2歳上の子どもたちから教えてもらったり、もっと年齢が近い1歳上の子どもたちから教えてもらったりすることができるし、年中者は、年少者と年長者の間にあって仲介的な役割を果たす。また、年長者は、自身の経験をもとに、グループ全体に対する責任意識を持って行動する。

3. 「できる子」がいつも「できる子」とみなされ、その役割期待に応えなければならないということがなく、年少者の立場に立つときには、より才能が発達した子どもたちと接することになるので、不遜な態度をとったり、自信過剰になったりすることがない。

4. リーダーシップの素質を持つ子どもも、常にリーダーとなるのではなく、年少者や年中者の立場に立つ経験をするので、フォロワーとしての立場が理解でき、本当のリーダーになることができる。

5. 2年制の異年齢集団ではなく3年制の異年齢集団をファミリー・グループとした方がよいのは、2年制では、1年ごとに立場が逆転するが、3年制であれば、1年後には、3分の2の子どもが同じグループに残り、役割のシフトがバランスよく行われ、そのグループの文化がうまく継承されるためである。

6. 学年制の学校では、生徒たち同士の関係も、生徒と教師の関係も同調が強く求められる傾向があるが、異年齢集団のファミリー・グループでは、毎年3分の1の生徒が去り、3分の1が新しく入ってくるので、そのたびに新しい風が吹き込まれ、同調行動が強制されない。

7. 新しく入るグループは、全体の3分の1なので、40人に近い学級全体が入れ替わることはなく、せいぜい12人から15人ずつが新しく入ってくる。これは、大きな負担の軽減になり、新入生たちを、学校生活に慣れさせるうえでもやりやすい。

8. ファミリー・グループでは、教員は、自動的に、従来型の古いタイプの教員ではいられなくなる。むしろ、それとは違い、子ども学に準拠して、グループのリーダーとしての自分の役割を果たすようになる。

9. 社会性の発達が促される。学年制の学校では、子どもたちは、子どもではなく「児童・生徒」とみなされ、皆が同質的な学習者であることを期待されてきたが、異年齢のファミリー・グループでは、個々の子どもの違いや個性が見出され、一人ひとり異なる「（人間の）子ども」として待遇されるし、子ども同士の間の関係性が、社会性の発達を促す。

10. 上のような利点を通して、ファミリー・グループは、学年制の学校が「教育のための機関」とみなされ、偏った勉強を促すものであったのに対し、人間の子どもを守り育てる場として、明らかな優位性を示すこととなる。　※ペーターセン『小さなイエナプラン』に基づき筆者なりの言葉でまとめた

▶ 4つの基本活動 週の活動の流れ

リズミックな週計画

🌸 バイオリズムに合わせた緩急のある時間割

　イエナプラン・スクールの日課は、同じ長さで区切られた時限ごとに4つの基本活動を入れているわけではありません。そうではなく、緩急が交互に来るように活動を計画します。「リズミックな」という語は、すべての時間を45分の時限で機械的に区切らず、ある活動は短く、ある活動は長くというふうに組み合わせる、という意味です。

　子どもたちのバイオリズムも考慮に入れ、午前中は集中を必要とする学び、午後は体を動かしたり、ほかの子どもと話し合いながら行える協働的な学びに充てています。

🌸 そのときの状況次第で時間を延ばしたり縮めたりできるゆとり

　さらに、学校では、チャイムはほとんど鳴らさず、そのときの子どもたちのリズムに合わせています。子どもたちが前のめりになって強い関心を持って仕事や対話に集中しているときには少し時間を延ばし、逆に、子どもたちがあまり興味を持たず、ざわざわしていて集中力が続かず、効果的な学びにつながっていないときなどには早く切り上げる、といった判断を、グループ・リーダーができるようにしています。

🌸 毎日少なくとも3回のサークル対話

　イエナプラン・スクールでは、毎日少なくとも3回、グループ全員でサークルを作り、対話の時間を持ちます。グループ・リーダーも子どもたちと同じようにサークルに入り、対話に参加します。

　登校してすぐに15分程度、午前中の授業の終わりに15分程度、午後の放課の前に15分程度です。オランダではこのほかに、午前中の授業の途中に中休みが入り、フルーツなどのおやつを食べる時間がありますが、このときにもサークルになって話をしながらおやつを食べています。

🌸 集中した後はリラックス、遊びの後は読書

　午前中は、ブロックアワーといって、普通の1時限よりも少し長い時間を設けて、自分が立てた計画に沿って自立的に学習する時間があります。これは、朝のまだ集中力のある時間に行うものですが、集中した後には遊びの時間を設けて、教室のコーナーや廊下や踊り場などに設けられた遊び場で遊びます。このようにして体を動かした後に、また学習に戻ります。

　昼休みなど、外遊びをしてきて気分が高揚しているときには、その後の授業の初めに読書の時間を設け、静かに読書をして心を落ち着かせてから午後の仕事に取り組みます。

　右にあげているのは、オランダのある学校の1週間の時間割の例です。

　このほか、ペーターセンの実験校では、クラブ活動のように、生徒たちが自分の興味に合わ

せて選択的に学べる時間も設けていました。

　ちなみにオランダの小学校は、伝統的に音楽・図工・体育などにはあまり力を入れていません。これは、学校が午前中で終わる水曜日に市内のクラブに行って、ほかの学校の子どもたちと一緒に学ぶ習慣があるからです。そのため下の例でも、選択ワークの時間は含まれていません。

　しかし、日本の学校では、国の指導で、音楽・図工などの表現教育や家庭科・体育などにも力を入れており、これは、全人発達の観点から見ると日本の学校の優れている点だと言えるでしょう。ぜひそうした観点も考慮して、この表に倣いつつも、それにとらわれることなく、独自のリズミックな週間計画を考案してみられることをお勧めします。

1週間のリズミックな時間割の例

	月曜	火曜	水曜	木曜	金曜
8:30-8:50	サークル対話	サークル対話	サークル対話	サークル対話	サークル対話
8:50-10:00	ブロックアワー	ブロックアワー	ブロックアワー	ブロックアワー	ブロックアワー
10:00-10:30	遊び	遊び	遊び	遊び	遊び
10:30-10:45	おやつのサークル	おやつのサークル	おやつのサークル	おやつのサークル	おやつのサークル
10:45-11:55	ブロックアワー	ブロックアワー	ブロックアワー	ブロックアワー	ブロックアワー
11:55-12:15	サークル対話（午前の学びの振り返り）	サークル対話（午前の学びの振り返り）	サークル対話（午前の学びの振り返り）	サークル対話（午前の学びの振り返り）	サークル対話（午前の学びの振り返り）
12:15-13:00	昼休み	昼休み	昼休み	昼休み	昼休み
13:00-13:15	読書タイム	読書タイム	読書タイム	読書タイム	読書タイム
13:15-14:30	協働学習（音楽や図画などクリエイティブな学習など）	協働学習（ワールドオリエンテーションなど）	選択学習（クラブ活動的な学び）	協働学習（生徒会や催しの準備など）	ミニ学芸会の準備
					ミニ学芸会
14:30-14:45	振り返りサークル	振り返りサークル		振り返りサークル	振り返りサークル
	放課				

▶ 4つの基本活動　1. 対話

サークル対話（1）

🌸 サークル対話はグループ全員の信頼関係の礎

　対話は、イエナプラン教育の4つの基本活動のうち、おそらく、最も重要で基礎的な活動だと言えるでしょう。とりわけファミリー・グループのメンバー全員が円座になって行うサークル対話は、ファミリー・グループを、本当にファミリー（家族）のように信頼関係のあるチームとして育てていくうえで、なくてはならない大切な活動です。

　サークル対話では、グループ全員が、綺麗な円形（何かプレゼンテーションを含む場合は馬蹄形）を作って座ります。原則として、円のなかには何も置かず、机も入れずに、皆が椅子に座って参加します。どの子も全員がほかの子の顔、すなわち一人ひとりの表情が見えるようにして座ります。お互いが、お互いの表情を見ながら、相手の今日の気持ちを感じ取りながら、会話できる状況を作って行います。

　サークル対話は、前項でも示したとおり、1日に少なくとも3回行います。このようにして、クラス全員が必ず顔を合わせて話し合う時間を設けるのです。

🌸 一人ひとりが尊重され、一人ひとりがグループに貢献する

　サークル対話の目的は、クラスの子どもたちが、皆人間として平等の価値を持っており、そのことを皆が大切に尊重することです。それは、個々のメンバーが、たくさん発言するかどうかにはかかわりません。そのときは発言できなくても、考えていないわけではなく、まだ言葉にして皆と共有する準備ができていないだけ、ということもよくあるからです。むしろ、サークル対話は、一人ひとりが他者の発言に耳を傾け、その発言をしっかり受け止めることに意味があります。

　また、サークル対話での発言は、それぞれが意見や思いを述べ合い、共有することで、グループがよりいっそうグループらしい結合感情を持てるようになり、誰にとっても過ごしやすく安心した場になるようにするためにあります。

　他方、発言は、誰からも強制されず、自主的に行われるものでなければなりません。自分で自分の考えていることを、公の場で、率直に共有する練習でもあります。

🌸 グループ・リーダーもサークル対話の一員

　サークル対話には、グループ・リーダーも参加します。子どもたちの年齢が小さい間は、グループ・リーダーが話し合いの流れを促したり、誰かの発言によく耳を傾けていない子がいるときに注意をしたりする必要があるでしょう。しかし、こうした役割は、子どもたちの年齢が上がっていくにつれて、徐々に子どもたちの自治に譲っていきます。グループ・リーダーは、子どもたちの間の対話がスムーズに展開されるよう留意し、自分の意見を押しつけるのではなく、「経験ある大人」として必要最小限のアドバイスにとどめます。

実践編（やってみよう）：イエナプランを教室・学校に取り入れるためのヒント

サークル対話のルール

- グループ・リーダーもグループの一員としてサークルに参加する
- 参加者全員がほかの参加者の顔が見えるように、できるだけきれいな円形か楕円形（プレゼンテーションがある場合には馬蹄形）を作る
- 何かを観察するとき以外は、サークルのなかには何も置かない。机やノートも使わない
- 教室のなかに、いつも全員がすぐに輪になって座れる場所を用意しておく
- メンバーが座る位置は決まっていなくてよいが、座る位置をめぐって子どもたちがもめることのないように、いつでも誰の横でも座るように約束しておく
- グループ・リーダーまたは子どもたちのうちの誰かが対話のリーダーになるが、すべての発言が主体的なものとなるように、指名して発言を強制しない（強制された発言は教員の期待に応える発言にしかならない）
- 発言者の話は途中でさえぎらず、全員必ず終わるまで待つ
- 誰も、発言者の言葉を否定、嘲笑、罵倒しない
- サークル対話は15分程度にとどめ、長すぎて参加者が飽きることのないようにする
- サークルの種類は、毎回変化をつけ、惰性的な参加にならないように気をつける

サークルの種類

- **自由発言サークル** 週の初めや終わりなど家庭や学校でのできごとを振り返って共有するサークル
- **読書サークル** 自分が読んだ本の内容を報告したり感想をほかの人と共有したりするサークル
- **時事サークル** ニュースや新聞の話題、学校の内外で起きたことについて意見交換するサークル
- **哲学サークル** 何か哲学的なテーマをもとにみんなで話し合うサークル（慣れない間は、『てつがくおしゃべりカード』などを使う方法もある*）
- **観察サークル** 何か物を真ん中に置いて観察したことを話し問いを出し合うサークル
- **作文・詩サークル** 自分が書いた作文や詩を発表し、それについての感想や意見を聞くサークル
- **読み聞かせサークル** （とくにまだ字がよく読めない）小さい子どもたちのためにグループ・リーダーや上級生が本を読み聞かせて、その後に感想などを述べ合うサークル
- **英語サークル** 英語を使って話し合うサークル
- **報告・発表サークル** （ワールドオリエンテーションなどで探究作業の後で）自分が行った調査・実験・インタビューなどを通してわかったことを皆に共有するサークル
- **グループ会議サークル** グループ内部での出来事や問題について何かを決めるためのサークル
- **評価サークル** （報告や作品の発表の後で）それについて評価をし合うサークル。ただし、このときには、よかった点を褒め、改善した方がよかった点を「ヒント」としてアドバイスするかたちにする
- **振り返りサークル** （午前や午後の授業の最後に）午前や午後、または1日の学校生活を振り返り、皆がよく仕事をできたか、快適な時間だったか、何を学んだかを振り返り、問題があれば、どうすれば解決できるかをみんなで話し合う

*ファビアン・ファンデルハム（リヒテルズ直子訳）『てつがくおしゃべりカード』『てつがく絵カード』（ほんの木）

▶ 4つの基本活動　1. 対話

サークル対話 (2)

● サークル対話は目的によって形が変わる

　サークル対話は、下の図に示しているように、そのときの目的によって対話の形が変化します。

　①は、何かのテーマについて、全員が考え、全員がグループ全体に対して発言をしている様子です。

　誰かの発言に対して、反応して発言することもあるでしょうし、グループ全体に対して発言をすることもあるでしょう。

　日本の学校で、教員も参加してサークル対話を始めると、慣れない間は、皆が、教員に向かって発言をし、場合によっては、教員がその発言の内容を承認してくれるかどうかを気にして発言するという形になりがちです。しかし、それは本来のサークル対話がねらっていることとは違います。みんなでテーマについて話をするときには、発言が教員に向けて行われるのではなく、参加者全員を聞き手として行われることに注意しましょう。

　同時に、②の図にあるように、グループ・リーダーがグループの子どもたちに対して何らかの指示を出したり、何かについて教える（インストラクションを与える）場面も、当然あります。あるいはグループ・リーダーだけとは限らず、保護者が何かの説明に来てくれたり、子どもたちのうちの誰かがほかの子に何か発表したり報告したり教えたりするということもあるでしょう。

　さらに③のように、グループ全員でサークルを作って座っているけれども、そのなかで、2、3人の小さなグループに分かれて話し合いをするということもあります。たとえば、何か大きな問いをテーマとしているときに、いったん、それぞれの子どもが自分で考え、それを皆に発表するのではなく、まず近くの2、3人の子どもたちと話してみるというような場合です。このようにしておいてから、小グループごとの話し合いの結果を皆で共有するようにすれば、むずかしい問題について話しているときに、緊張感や恐怖感を伴わずに、自分の意見を皆と共有することができます。

　サークル対話の際には、そこで対話をする意味や目的にふさわしい形式を取り入れるようにしましょう。

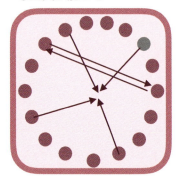

①全員が加わる

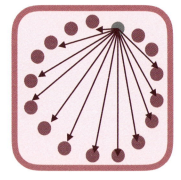

②グループ・リーダーによる
　インストラクション

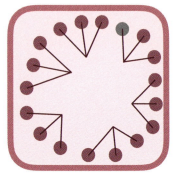

③小グループで話し合う

実践編（やってみよう）：イエナプランを教室・学校に取り入れるためのヒント

エピソード

あるイエナプラン・スクールでこんなことがありました。

それは、10、11、12歳の子どもたちから成る小学校高学年のファミリー・グループで、いつものように朝のサークル対話が行われていたときのことです。

何かのテーマで10分ほどのサークル対話が行われた後、さあ、これからグループ・リーダーが子どもたちに指示を出してブロックアワー（自習時間）に入ろうとしているという矢先のことでした。対話の間、じっと黙って、ややうつむいた感じで座っていた男の子が、手をあげて、ボソボソとした声で発言し始めました。

「今日、僕は、このサークル対話でほとんど発言しなかった。本当のことを言うと、みんなが話していることもほとんど耳に入っていなかったんだ。実は、夕べ、僕のパパとママが夫婦喧嘩をして、パパが怒って家を出て行ってしまった。そして夜遅くなるまで家に帰ってこなかったんだ。僕は、パパとママのことが心配で一晩中眠れなかったし、今日もたぶん何をしていてもそのことが気になって、仕事に打ち込めないと思う」

するとグループ・リーダーの先生は、この言葉を静かに受け止めて、

「みんなわかったわね、気をつけてあげてね」とひとこと言いました。

グループの子どもたちは、それぞれ小さくうなずいて、ブロックアワーのために自分の席に戻っていきました。

私は、この様子を見ていて、おそらく、この男の子にとって、そのときのファミリー・グループは、自分の家族以上に信頼を置ける安心の場なのだな、ということがわかりました。今、社会には、家庭や近隣で、つながり感情が持てない子どもたちがたくさんいます。学校は、毎日、何気ない出来事を共有し続けているだけで、子どもにとって、家庭にも代わる安心の場になり得るのです。

サークル対話を家庭でも、教職員間でも

サークル対話はけっして新しいものではなく、多くの伝統的な社会で話し合いの際に使われてきた形式です。序列関係に基づいて、誰か責任者を中心に話をするのではなく、組織や集団に対して、皆が同等の責任を持って参加できるためには、サークルは理想的な形です。

イエナプラン教育が理論的にも大切にしていたサークル対話の形式は、現在、オランダのありとあらゆる教育機関において、話し合いの際の形式として普及しています。学校の教職員も、校長などの管理職者も交えて、いつもサークル対話で、物事について率直に話し合い、決定しています。こうすることで、たとえ発言はなくても、対話の時間にそこに参加していたことで、参加者全員が、話し合いの内容に責任を持てるようになります。

家庭でも、家族全員が食卓を囲んで、日々のさまざまな出来事を共有し合う対話の場を日常的に継続して持ち続けることは、親子の絆を強め、感情を言葉にして表現することができる大人になるための、重要な練習の場となります。

▶ 4つの基本活動　1. 対話

そのほかの対話

🔴 パートナーとの1対1の対話

　イエナプラン教育が大切にしている対話は、サークル対話だけとは限りません。学校生活の全体にわたり、人と人とが対話を通して意見や情報を交換することを重視しています。たとえば次のようなパートナー間の対話です。

●**子どもと子ども**

　学校のなかでは、ときどき、一定期間、二人ずつ子どもたちを組み合わせ、お互いの毎日の出来事や活動状況を振り返るようにしています。このようにすると、子どもたちは、ただ漫然と日々を過ごすのではなく、毎日起きたことをいったん振り返り、言葉にしてまとめ、心に残す習慣ができます。また、ときどきパートナーを変えることで、普段はあまり親しくない子どもたちがどんなことを考え、思い、感じているかを知るよい機会となり、ファミリー・グループのつながり感情がいっそう強まるきっかけになります。

●**グループ・リーダーとグループ・リーダー**

　グループ・リーダーたちも対話のパートナーを組むことがあります。それは、ベテラン教員と新任教員が組んでコーチングをする場合や、同じ学年グループ（低学年グループや高学年グループなど）のグループ・リーダー同士が、お互いの実践を振り返る場合などです。お互いのファミリー・グループでの様子をリフレクションし合うこともあります。校長が、グループ・リーダー間のパートナーシップを推進し、普段、お互いにあまりよく理解し合っていないグループ・リーダー同士もときどきパートナーを組んで意見交換のチャンスができるようにしておくと、教職員チーム全体の結束を促せるようになります。

●**グループ・リーダーと校長**

　グループ・リーダーは、子どもがグループ・リーダーと話をするのと同じように、校長とも互いに平等な立場で忌憚なく話をします。平等とは、それぞれが、ファミリー・グループのグループ・リーダーという専門性と、学校の代表であるという専門性を相互に尊重し合った関係ということです。

●**校長と副校長（教頭）、グループ・リーダーと副校長（教頭）**

　校長と副校長は、学校の教職員チームのなかで起きていることを共有し、4つの目・4つの耳で情報を捉え、2つの頭で知恵を出し合うことが大切です。それは、グループ・リーダーの行動を監視するためではけっしてなく、それぞれのグループ・リーダーの様子を見ながら、彼らが最も効果的に働ける方法は何であるか、何が障害になっているか、それを取り除くにはどうすればよいか、と二人で考えるためです。

　校長と副校長とは、いずれかが臨時に休まなければならなくなっても、常に情報と対策が共有されている存在でなければならないのです。他方、グループ・リーダーから見ると、それぞ

実践編（やってみよう）：イエナプランを教室・学校に取り入れるためのヒント

れが持っている性格などから、校長と副校長のうちのどちらに話がしやすいか、優先順位があるものです。校長と副校長は、どちらもすべてのグループ・リーダーにとってアクセスしやすい存在であるべきですが、グループ・リーダーたちにとっての選択肢であってもよいということです。

●グループ・リーダーと保護者、（副）校長と保護者

　グループ・リーダーは、保護者とも進んで対話をします。コーヒーや紅茶を飲みながら、日頃からカフェにいるような気持ちで何気ない対話を重ねていることで、問題が生じたり何か伝えなければならないことがあったりしたときに、遠慮することなく、信頼に根ざして問題を共有し、子どもの権利の代弁者としての立場と、子どもたちの発達支援の専門家という立場から、問題解決のために歩み寄り、協働することができます。

　保護者が学校職員と話したいときにいつでも学校に入ってきて話せる場（できればほかの保護者には気づかれないで落ち着いて話せる場）があること、学校の職員が保護者の声に耳を傾ける姿勢を示しておくこと、保護者に対しても学校側の希望を率直に話せる関係を作っておくことは、学校を風通しのよい開かれた場にするとともに、保護者自身の責任意識を促すことにつながります。

🌸 ワールドオリエンテーションで

　日頃から、学校のなかで、子ども同士、また、大人たちと対等に対話をすることに慣れている子どもたちは、ワールドオリエンテーションの探究作業においても、地域の人たちや、探究しているテーマの専門職者（大学の研究者やさまざまな職業の専門家など）たちと、電話を通して、または訪問して直接インタビューをします。まさに、ホンモノのシチュエーションでの対話です。

🌸 考えていることや感情を言葉に置き換える練習

　対話は、人々がお互いに考えたり感じたりしていることを、どうすれば正確に相手に伝えられるかの練習の時間です。相手が、自分とは異なる年齢や性別や背景を持っていれば持っているほど、自分の立場と相手の立場が異なり、自分の考えを伝えることも、相手の考えを理解することもむずかしくなります。

　しかし、立場や考えが異なる人と対話をすることは、自分自身の視野や知見を広げる豊かな機会にほかなりません。

　そのためにも、日頃から毎日、サークル対話やパートナーとの対話を繰り返しておくことが大切なのです。

　自分が考えたり、感じたりしていることを、立場や文化的または社会的背景の異なる聞き手に効果的に伝えるという力は、本書の冒頭であげたＯＥＣＤのグローバル・コンピテンスとしても重視されている力のひとつです。ぜひサークル対話を習慣にしましょう。

▶ 4つの基本活動　2. 遊び

遊びは学び（1）

🍡 子どもは遊びながら学び成長している

「遊びは、最も高次の研究のかたちだ」と言ったのはアインシュタインです。また、アインシュタインは、自分が受けた学校教育についても批判的で、「学校が自分の学びを妨げた最大のものだった」とも言っています。

ペーターセンも同じことを考えていたらしく、伝統的な画一・一斉授業形式の学校に対して、またそこで行われる科目別の時間割に対して、子どもとはもともと自由な環境のなかでは、自分から進んで学ぼうとする学びの主体者であり、「遊び」は学びの原初的な形態であると考えていました。

伝統的な学校では、「遊び」はせいぜい勉強の合間に一息いれる休息としてしか捉えられることがありませんが、イエナプランでは「遊び」そのものを「学び」すなわち人間の発達のための自然な行為と考えています。実際、小さな乳幼児のときから、子どもは自分の周りにあるものに自力で接近し、ありとあらゆる感覚を使ってさまざまなことを試し、怪我をして少々痛い目にあっても、そうした失敗を経験として身につけ、二度と同じ間違いをおかさないようにと、さらに大きな一歩を踏み出していきます。

🍡 自由遊びの持つ意味

ペーターセンが、子どもたちの動きに可能な限り制限を加えず、自由に動けるようにしたのも同じ理由からです。自由があるときに初めて、子どもたちは誰からも指示されることなく、自分の内側の欲求によって主体的に学ぼうとするのです。

それにもかかわらず、幼稚園や保育園までは、子どもたちは1日中しっかり遊ぶことが認められていますが、小学校に入ったとたん朝から夕方まで1日中ひとつの席に縛りつけられ、多くの時間、先生の方を向いて、教科書とノートに向かって勉強ばかりさせられてしまっているのです。日本では、そういう小学校での生活に適応できないことを「小1プロブレム」と呼び、幼稚園や保育園が、姿勢正しく席にじっと座っている練習までしているというのですから、本

動きの自由

本当の意味での動きの自由だ！すなわち、子どもたちは教室内を、それどころか、学校内を自由に動く。どの子も、完全に出たり入ったりする自由を持っているし、そういう自分の自由についてグループの子どもたちに対して責任を持っている。動くことは、成長の過程にある子どもの身体にとっては食べ物と同じであり、それをさえぎることは、子どもの健康を害することにほかならない。

ペーター・ペーターセン『小さなイエナプラン』より

実践編（やってみよう）：イエナプランを教室・学校に取り入れるためのヒント

当に残念なことです。

🔴 遊びを時間割の一部に

　ペーターセンは、「Führungslehre des Unterrichts(授業のリーダーシップ)」(オランダ語では『Van Didactiek naar onderwijspedagogiek（教授法から教育のための子ども学へ）』という書名で翻訳）のなかで、イエナ大学の実験校では、毎週一回定期的に、子どもたちに100分間自由に遊んだり工作作業に打ち込んだりできる機会を与えていた、と書いています。また、体育も遊びの要素を取り入れたものであること、演劇や人形劇なども、遊びの一部として、子どもたちの自由で主体的な活動として捉えるべきであることを記述しています。

　オランダでは、現在、ほとんどの小学校で、教室の片隅や廊下、踊り場などに、子どもたちが遊ぶためのさまざまなおもちゃやボードゲームが豊富に用意されています。演劇は小学校だけではなく中学、高校まで、学校での表現活動の代表的な形式として広く使われています。体育も、整列したり、一斉に並んで掛け声をかけて体操をしたり、マスゲームをしたりするような活動はほとんどなく、遊びの要素をふんだんに取り入れています。体育の器具や道具は用いますが、子どもたちが遊び（スポーツ）のルールに従って、自由に主体的に動いて学ぶ時間です。

　実際、ボードゲームやルールを決めた遊びで、子どもたちは、教科学習のなかで学んださまざまなスキルを実際の場面で使うことができます。勝つための戦略を立てる能力を磨くこともできます。同時に、勝つ・負ける・協働するといった経験は、社会性を育て、情緒のコントロールを学ぶよい機会になります。

　オランダのあるイエナプラン・スクールでは、午前中、初めのサークル対話とブロックアワー（自立学習）の時間が終わると、全校一斉に30分ほどの「遊び」の時間を設けています。子どもたちは毎日の遊びの時間が来ると、それぞれ自分が遊びたいものがある場所を選んで、数人の子どもたちと一緒に、そこに行って遊びます。教室の隅や廊下には、そのために、小さな演劇用のステージや、大きな積み木のコーナー、ボードゲームをするためのテーブル、かなづちやのこぎりを使って木工遊びに取り組む場所、レゴでロボットづくりや自動車づくりに取り組める場所などが用意されています。学校で一斉にこの時間を設けることで、少々声をあげたり音を立てたりしてもほかのグループの子どもたちの邪魔になることがありません。

　学校のリビングルーム（教室）が遊びの空間という性格を持つべきであるとすれば、その最もよい例は、フレーベルによって本来的に意味づけられた幼稚園の部屋だ。（中略）しかし、ひとつだけ制限しておかなければならないことがある。それは、教育者は幼稚園の先生と同じではないということだ。だから、それを成功させるためには、教室のなかで、子どもたちの指導者は自分自身の場所を持っているべきで、彼女がそこで自分の仕事に取り組んでいるときに、子どもたちは（訳者注：主体的に自らの責任で）、彼女の周りで遊んでいるべきなのだ。　　　　　　　ペーター・ペーターセン『教授法から教育のための子ども学へ』より

▶ 4つの基本活動　2. 遊び

遊びは学び (2)

🔴 エナジャイザーとしての遊び

　ペーターセンは、『小さなイエナプラン』のなかで、イエナ大学の実験校では、朝の10時半ごろになると、子どもたちの落ち着きがなくなることに気づいた、と言っています。実際、子どもたちには、大人である私たちと同様、身体のリズムがあり、集中して働いた後には少し体を動かしたくなるものなのです。つまり、前ページで述べたオランダのイエナプラン・スクールが実践しているように、この時間帯に遊びを時間割の一部として入れておくことは、子どもたちのバイオリズムを考えると理にかなったことなのです。

　また、ペーターセンは、子どもたちの様子が、天候にも影響されると述べています。子どもたちがざわざわして落ち着きがなくなっているときや、眠そうにして学習に身が入らないときに、うまくタイミングを捉えて、みんなで遊んで気分転換できるようにするのも、専門家である教員が判断して取り入れるべき課題です。

　イエナプランのグループ・リーダーは、子どもたちが学習に集中できていないときには、子どもたちを輪になって座らせたり、全員立ち上がらせるなどして、みんなで遊べる短い遊びを取り入れます。椅子取りゲームやハンカチ落としなどのように、全員が参加してちょっと声を出したり、一緒に大笑いしたりするだけで、子どもたちはざわざわした不快な雰囲気を脱することができ、元気を取り戻して再び学習に集中するようになります。

　このような遊びは、まだお互いによく知らない子ども同士が、気さくに話し合えるようにするアイスブレイクの意味も持っています。こうした遊びを学年の初めに頻繁に重ねて、子どもたちがいろいろな子どもたちとチームやパートナーになって遊んでおくと、グループのなかのつながり感情が強まり、その後の1年間、皆が安心して学習に取り組む体制ができます。

　勝ち負けのある遊びだけではなく、参加者がなごやかな気持ちになれる遊びは、日本の伝承遊びのなかにもたくさんあります。言葉遊び、数を使った遊び、歌や身振りを使った遊びなどは、幼稚園や保育園だけでなく、小学校でも使えます。共に遊び、共に笑うことが、心をなごませ、いじめや不信感のないグループを育てます（170頁の付録も参照してください）。

　右のページにあげているのは、オランダのイエナプラン教育の指導者だったトム・デ・ブール氏による『Spel als Basisactiviteit（基本活動としての遊び）』という教員用テキストブックのなかで引用・紹介されているヨン・ロアル・ビヨルクフォルトの『De Muzische Mens（音楽的人間）』のなかの、子ども文化と学校文化を対照した表です。トム・デ・ブール氏は、ここでビヨルクフォルトが子ども文化としてあげているものを、遊びの特性として紹介しています。ビヨルクフォルトは、私たちが皆、人として、左の欄にあげられたような、子どもに特有の文化、子どもの遊びのなかで見出される性質を持つことの必要性を示すと同時に、学校がそれとは反対の文化を持っていることを示そうとしたのです。

子どもの文化と学校の文化（Jon-Roar Bjørkvold, "De Muzische Mens"より）

Tom de Boer, "Spel als Basisactiviteit" CPS, 1995に掲載された引用より転載

子どもの文化	学校の文化	子どもの文化	学校の文化
エコロジカルな統合性	教育学的な孤立性	大胆さ	注意深さ
生命の発達	教科における進歩	共感的	中立的
実存的	形式的	なぜ	何
ホンモノ性	二番煎じ	創造性	再生性
時間の継続性	時間の分節性	空想	理解
全体性	科目別の専門性	１＋１＝？	１＋１＝２
歌う、故に我あり	思う、故に我あり	小さな青い仔馬	大きな茶色の馬
遊び	勉強	情緒的	合理的
ホモ・ルーデンス（遊ぶ人）	ホモ・スクリベンス（書く人）	独創的	同調的
口頭による	書籍	即興的	準備済み
……の中にある	……について読む	予想外	予想どおり
身体的な近接性	身体的な距離性	ユーモア	まじめ
自分の限界を超えてみようとする	ほかの人の限界を尊重する	騒々しい	静か
自分についての理解	学習についての評価	感覚的	知覚的
私には、もうできる	あなたには、まだできない	身体的に動きがある	身体的に静か
不死（死を知らない）感	不適切感・不備感	私は動く、そして学ぶ	静かに座って！
音楽的	論理的	身体的な喜び	体育訓練
質的	量的	平等主義	序列主義
自発的	計画的	自己統制	外部からの統制
子どもらしさ	子どもっぽい	自主的	強制
やるなら今だ	大きくなるまで待っていなさい	抵抗	服従
興奮や歓喜	冷静沈着	妥協がない	仲介的
内発的	距離感	ディオニソス的（陶酔的・創造的・激情的）	アポロン的（知的・静的・調和的）
勇気	不安	ボーダーレス	境界確認的

▶ 4つの基本活動　3. 仕事

自立的な仕事と協働

● なぜ勉強を〈仕事〉と呼ぶの？

　基本活動の３番目は〈仕事〉です。でも、なぜこれを勉強と呼ばず、仕事と言うのでしょうか。それは、学校は、子どもたちが発達・成長するための場所で、発達や成長のためには、子どもたち自身、自分に課された課題を仕事のように義務として果たしていかなければならないものだからです。大人になれば、誰しも何かの仕事をしながら生きていくのは当たり前です。それは、必ずしも賃金が支払われる仕事とは限りません。家の中の仕事、地域の仕事、ボランティアとしての仕事も、家族や地域の人と協力して生きていくための大切な仕事です。

　このように仕事をしながら生きていくことを学ぶために、学校には、やらなければならないことをする〈仕事〉という基本活動があります。

● 基礎学力の学びと教科を越えた総合的な学び

　子どもたちはどんな仕事も、グループのなかでお互いに助け合いながら学びます。一人ずつ別々に個別の席に座る必要はありません。ファミリー・グループには、年齢の異なる子ども、何かが得意な子どもなど、いろいろな才能や性別の子どもたちがいますから、そうした個々の子どもの違いを活かし、お互いの力を貸したり借りたりして学ぶことができます。

　しかし一般的には、午前中のまだ登校して間もない時間には、ブロックアワーという普通の１時限よりも少し長い時間を使い、主として読み・書き・算数・文法、また地名・国名・山や川の名前を覚えるといった地理の基礎知識など、教科に分かれた基礎学力を、自分のペースと計画に従って集中的に学ぶ時間が設けられています。ワールドオリエンテーション（総合的な学び）での協働学習のなかで自分が担当した探究課題も、ブロックアワーの時間内に計画的に組み入れて進めます。

　そして、昼食や昼休みを終えて、少し疲れたり眠くなる午後に、席を移動したり、立って探究作業のために調べものをしにいったり、お互いに議論や話し合いをしたりするといった、ファミリー・グループ全体、または小グループの協働を中心とした学習が行われます。

● 自分のペースと計画でやる基礎学力を中心とした学び（午前）

　午前のブロックアワーで、子どもたちは自分のペースで自分の計画に沿って、主として基礎学力の学びをします。計画は通常、月曜日のブロックアワーの最初の時間に立てます。

　普通は皆、テーブル・グループの席で学びますが、集中するのが苦手な子は、自分の机についたてを立てたり、雑音が入らないようにヘッドホンをつけて学ぶこともできます。

　ブロックアワーでは、グループ・リーダーは少数の子どもたちを集めて何らかの指導（＝インストラクション）を与えます。ブロックアワーの学習中は、子どもたちは、何かわからない

ときには、テーブル・グループにいるほかの子どもに尋ねることもできます。グループ・リーダーは、子どもたちへのインストラクションが終わると、教室内を巡回し、子どもたちからの質問に答えます。

ブロックアワーでは、本を毎回一定のページ数読む、むずかしい単語の読み方を学ぶ、単語の意味を調べる、綴りを学ぶ、文法を学ぶ、算数のインストラクションで習った内容を練習問題で確実にする、ワールドオリエンテーション（総合的な学び）で自分が担当している調べ作業を行う、などの学習をします。これらは、グループ・リーダーが、それぞれの子どもの進度に合わせて出す、その週の課題で、月曜日の初めに、子どもたちが１週間の計画を立てる際に示します。学年の同じ子には、ほぼ同じ課題が出されますが、早く進んでゆとりのある子には挑戦的な課題、遅れている子には今、理解できている段階を確実にし、遅れが取り返せるゆとりが持てるような課題を出します。

またそのほかに、１週間のブロックアワーの学習計画を立てる際に、自分から進んで学びたいことを入れておくこともできます。これは、学習進度にかかわらず、どの子にも主体的に学ぶ楽しさが得られるためです。いずれにしても、子どもたち自身が、協働を通してみんなで達成感を得られるような成果を生む活動の時間とすることが大切です。

● グループでの協働的な仕事（午後）

午後に行う協働的な仕事には、次のようなものがあります。
・ワールドオリエンテーションでのマインドマップづくりや役割分担・報告の準備・報告
・ファミリー・グループ内で起きた問題を解決するためのクラス会議
・音楽や図工など創造的な学び
・演劇やその準備
・何かのプレゼンテーション
・保護者を招いて行う、子ども主催の発表会・展示会・パーティなど

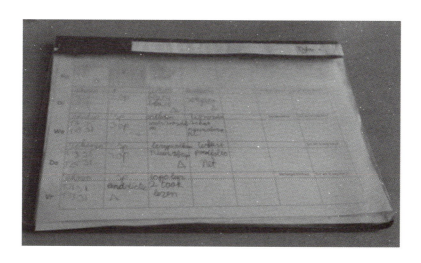

▶ 4つの基本活動　3.仕事

ブロックアワー① 自分の週計画に沿って

🍑 ブロックアワーは自立学習とインストラクションの時間

　毎日、午前中に2回ずつほど設定されている、普通の1時限より少し長い時間で行われるブロックアワーは、自立学習とインストラクション（グループ・リーダーによる指導）の時間です。

　週の初めに、子どもたちはそれぞれ、グループ・リーダーが示した1週間の課題を、月曜日から金曜日まで毎日あるブロックアワーの時間に、自分にふさわしいと思う時間帯を選んで計画し、この計画表に沿って仕事をします。たとえば算数が得意な子は、ほかの子よりも少ない時間で課題を終えられるでしょうし、逆に苦手な子は、少しゆとりのある時間を事前に設けておけば、金曜日までには課題を終えることができます。同様に、読みや文法や作文や地名の記憶が得意だったり苦手だったりするときには、それに合わせて計画を立てておけばよいのです。

　グループ・リーダーは、それぞれの子どもが、今何ができ、何ができないかを記録していますから、その子の発達段階や力に合わせて、最低限到達しておかなければならない目標を念頭に課題を出します。

　子どもたちが毎週作る時間割は、右ページに示したようなものです（55頁に写真）。子どもたちは、月曜日から金曜日まで、自分の計画に沿って仕事を進め、金曜日にそれを自分で振り返り、次の週の参考にします。グループ・リーダーも計画表にコメントを入れてアドバイスします。

🍑 学びやすい場と方法で

　学びに集中できる場所や方法は、子どもたち一人ひとり異なります。一般的には、テーブル・グループの席で、周りでほかの子どもが自分の計画に沿って勉強している側で一緒に学びますが、そのときの心や体の調子、学びの内容によって、一人で集中したければ、教室の隅や廊下に設けられた机やソファに行って学んでもかまいません。

　また、決まった教科書や練習帳だけで学ぶ必要はなく、それだけでは理解が進まない子どものために、教室の棚にはさまざまな道具やゲーム教材が置かれており、グループ・リーダーと相談しながら、ほかの教材を自分で取り出して学ぶこともあります。

🍑 学び合い・助け合い

　ファミリー・グループのなかでは、ブロックアワーの際に、気軽に子どもたちが助けを求め

> このように（個々の子どもは）それぞれ別の課題を習得しているために、結果として、学年の間に、何人かの子どもが転入してきても全く問題がない。この転入生たちは、慣れるために少しの時間が必要ではあるが、その後は、何の問題もなく、グループのなかで学べるようになる。そうした例を、私たちは数多く見てきた。
> 　　　　　　　　　　　　　　　　　　　ペーター・ペーターセン『小さなイエナプラン』より

たり、助けを与えたりします。これは一見すると、教えたり助けたりする子どもが自分の時間を割かねばならず、無駄なように見えるかもしれません。しかし、本当の力は、ほかの人に自分が学んだことを教えたり説明したりするときに身につくものなのです。ですからこれは、教え助ける側にとっても大きな学びとなり、自己肯定感の向上につながることは言うまでもありません。

また、本当に理解させるのがむずかしい場合や、教えてもらってもわからない場合には、グループ・リーダーに助けを求めに行くことができます。

自分ができない、わからない、助けを必要としているときに、自分から進んで「助けて」と言えることは、本当の意味での「自立」です。その「自立」を学ぶ時間でもあるのです。

子どもたちの計画表の例

●印はインストラクションがあるという意味、やり終えたら欄を塗りつぶす

2019年9月9-13日

	読み	書き	語彙	文法	算数	地名など	ワールドオリエンテーションの分担	自分の挑戦課題	リフレクション
月曜	5ページ	市長に手紙を書く（下書き）			●	ヨーロッパ連合参加国の首都名			✓
火曜	5ページ	●			ワークブック14～15ページ		●		✓
水曜			●	ワークブック30～31ページ			市役所に電話	ロボットづくり	市役所に電話できなかった
木曜	5ページ		語彙を調べる		ワークブック16～18ページ			ロボットづくり	
金曜	5ページ	市長に手紙を書く（完成）					インタビューの質問を決める	ロボットづくり	
今週の課題	読み：20ページ 書き：市長に手紙を書く 語彙：教科書の20～25ページの語彙を調べる 文法：ワークブック30～31ページ 算数：2桁の掛け算（ワークブック14～18ページ） 地名：ヨーロッパ連合参加国の首都を覚える WO：インタビューの準備（市役所に電話） 挑戦：レゴでロボットづくり			グループ・リーダーのコメント			来週は何にどう取り組みたい？		

▶ 4つの基本活動　3. 仕事

ブロックアワー② インストラクションと巡回指導

🍓 インストラクションは少人数で

　オランダの教科書は、日本の教科書とは異なり、子どもたちが自分で読んで理解できるように作られています。必ずしも、先生が一つひとつ授業で教えなくてもよいのです。また最近は、ほとんどの学校にすべての子どもが（少なくとも交替で）使えるコンピュータがそろってきました。学校によっては、すべての子どもがタブレット型のコンピュータを使っているところも増えています。ですから、読み・書き・算数のような基礎知識は、大人から習ったり教科書で学んだりしなくても、コンピュータ上で自立的に学べるようになってきています。

　このようなコンピュータ上で使う教育アプリケーションは、授業メソッドを作っている教材会社が制作しており、子どもたちは画面上でアニメーションを使いながら、自分の進度に合わせて楽しく学べます。その子が今どこはわかっていて、どこが不確かか、どこが全くできないかなどがコンピュータ上で記録され、自分の名前でログインするだけですぐにわかるので、その子に最もふさわしい段階の知識やスキルが学べるのも利点です。

　とはいえ、学校での授業は当然、グループ・リーダーが説明して子どもたちに理解させなければならない内容のものもあります。コンピュータ上でやってもどうしても理解が進まないものもあるかもしれません。日本だと、たとえば特殊な漢字の書き方・読み方、算数の計算の仕方、作文の書き方の注意などでしょう。

　こうしたことの説明を、グループ・リーダーはブロックアワーの間にします。

　普通は、ほぼ学年ごとに10人内外の子どもたちを別のテーブルに座らせ、手が届くほどの近い距離で指導します。なかには学年が上の子や下の子が来ていることもあります。それぞれの子の今の発達段階に合った、必要なインストラクションです。

　インストラクションは、15分程度で行われるのが普通です。初めの説明だけでわかった子どもは自分のテーブル・グループの席に戻ってさらに練習問題などに取り組み、理解を確実なものにします。すぐにわからなかった子どもには、グループ・リーダーが方法を変えて二度目の説明をします。それでわかれば、その子たちも席に戻ります。それでもよくわからない3、4人の子がいれば、グループ・リーダーは、もう一度、一人ひとりの程度に合わせてていねいに説明をします。このようにすることで、どの子も落ちこぼれさせることなく指導できるのです。

　最後まで残っていた子どもたちが席に戻ると、グループ・リーダーは、別のグループのインストラクションを始めます。たとえば、初めは1年生にインストラクションをし、次に2年生、最後に3年生という具合です。こうしてすべての説明が終わった後に、グループ・リーダーは教室のなかを巡回し、さらに説明や手助けが必要な子どもに個別に指導をしていきます。インストラクションを少人数で行うと、グループ・リーダーは、どの子の理解が不確実かをよく把握でき、巡回の際に、どの子に特に気をつけなければならないかがよくわかります。

実践編（やってみよう）：イエナプランを教室・学校に取り入れるためのヒント

🔴 インストラクションへの参加は子どもが自分で決める

　インストラクションの予定は、週の初めなど、事前に知らせてあり、子どもはそれを見て、「自分は参加して教えてもらう必要がない」と思えば、参加しなくてもかまいません。つまり、自分がグループ・リーダーから習っておいた方がいいと思わなければ、参加しなくてもよいのです。

　参加していなかった子がうまく課題を終えられたかどうかは、週の終わりに週計画に沿った学びができたどうかを振り返るときにチェックすることができます。そこでできていなかった場合には、「なぜインストラクションに参加しなかったの」と言えば済むことだからです。

　ただし、グループ・リーダーは、どの子がまだ理解できていないか、どの子がインストラクションが必要かはわかっていますから、そういう子には、事前に参加するように言っておきます。

🔴 インストラクションは子どもがすることも

　ときには、インストラクションを子どもが担当することもあります。よく理解できている子がいたら、ほかの子どもたちに説明をしてもかまいません。年少者に対して、年長者が読み方や算数などを教えることはよくあります。

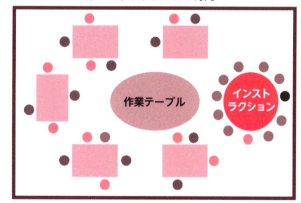

インストラクションの時間

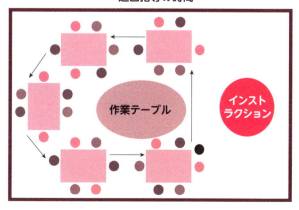

巡回指導の時間

> **インストラクションと巡回指導**
>
> 　右の2つの図は、インストラクションと巡回指導の際の様子を示したものです。黒い丸がグループ・リーダーです。
>
> 　インストラクションに参加しているのは、ひとつの学年の子だけとは限りません。インストラクションの内容を理解できれば、インストラクション用のテーブルから徐々に自分の席に帰っていきます。
>
> 　下の図のように、グループ・リーダーは、それぞれのグループへのインストラクションが終わったら、各テーブルを順番に回り、それぞれのテーブルで助けが必要な子に個人的にアドバイスをしていきます。
>
> 　巡回の順序をほぼいつも同じようなルートに決めておくと、子どもたちは自分のテーブルの番になるのを、安心して待っていられます。
>
> 　グループ・リーダーは、キャスターつきの椅子を使うと、疲れることなく巡回ができます。

▶ 4つの基本活動　3.仕事

協働することを学ぶ

● 協働学習の意義

　協働学習は日本でもよく行われていますが、その意義はどこにあるのでしょうか？

　協働は、単に複数の子どもたちが一緒に学習するということにとどまりません。協働学習の目的は、子どもたちに、それぞれが自分の得意な分野を担当し、ほかの人が提供してくれる得意な分野での活躍を尊重することで、一人ではできなかったことを達成する喜びを体験することにあります。

　それは、たとえば、10人の人がいて10人がただ集まっているだけの力、あるいは、10人が同じことをすることによって一人のときの10倍の力になるというようなものではなく、10人のそれぞれに異なる特質を持つメンバーが集まることで、その組み合わせのなかから、一人のときの10倍の力どころか、それ以上のもっと大きなことが達成できる喜びを体験することが大切なのです。

　協働学習は、ブロックアワーのときよりも、動いたり、話し合ったり、何かを一緒に企画したり作ったりと、皆が身体的にアクティブになります。しかし、それだけではアクティブ・ラーニングとは言えません。アクティブ・ラーニングは、身体がアクティブであることを目指しているのではなく、学び（ラーニング）そのものがアクティブであることを目指すものだからです。

　協働するためには、お互いの違いを乗り越え、意思の疎通を図り、自分とは考えの違う人と意見を交わし、協働のために議論をしたり、根拠を述べたり、譲り合ったりしなければなりません。そこには、コミュニケーション能力の発達や、創造力、ほかの人の立場になって考える力、リーダーシップやグループのなかでの関係の取り方など、さまざまな学びがあります。こうしたことのために、身体だけではなく、主体的に取り組んだり、企画したり、さまざまに工夫をしたり、考えを柔軟に変えたり、他者との関係を良好に維持したりする力につながるのです。まさに、主体的で対話的なアクティブ・ラーニングです。理論編で「7つのエッセンス」として紹介したさまざまな力が伸びるのは、主としてこのような協働の時間です。

　では、協働学習には、具体的にはどのようなものがあるのでしょうか。

● ワールドオリエンテーションの一部

　ワールドオリエンテーションはイエナプランのハート（心臓）と呼ばれており、学校内でのありとあらゆる活動につながるものですから、単に午後の協働学習としてだけ行われるものではありません。サークル対話の時間にテーマについて話し合ったり、探究作業の結果をプレゼンテーションしたりするほか、催しの時間に教室や学校内のすべての子どもの前で発表したりもします。探究作業はそれぞれ分担して行うので、ブロックアワーの時間帯に行うこともあり

ます。

午後の協働の時間には、主として複数の子どもが協働で調べ物をしたり、インタビューや観察のために外に出かけたり、発表の前の準備をしたりするといった活動です。

● クラス会議

子どもたちの自治を尊重するイエナプラン・スクールでは、ときどきファミリー・グループのなかでもクラス会議を開きます。

右の写真は、クラスボックスの写真です（クラスボックスは、オランダのフレネ教育協会が考案したものです）。クラスボックスには、3色の紙が用意されており、1色目の紙は誰かに褒め言葉を書くもの、2色目の紙は誰かへの質問、3色目の紙は何か問題がある場合にそれを願望に置き換えて書くというものです。つまり、「ブロックアワーのときに騒がしい」「皆走り回るので集中できない」というのではなく、「もっと静かだったら皆にとって快適だと思う」というように書くというものです。クラスボックスには、鍵のかかった引き出しがあり、ここにファミリー・グループのお金を貯めておきます。このお金は皆のもので、鍵は会計係が保管します。

週に1回行われるクラス会議では、その日の議長が3色の紙を使って書かれた内容を発表します。質問には問われた人が答え、願望については皆で話し合って対策を考えます。

クラスのお金については、皆のお金ですから、皆で決めるようにします。どうやったらそのお金を増やせるかについても話し合います。たとえば、寄付金を募る、チャリティバザーで不用品を集めて売る、空き瓶を集めて店でリサイクルをしてお金をもらう、近所の家庭にお手伝いに行きお金をもらう（車の清掃を手伝うなど）などといった方法を考えるのです。

● 表現の授業（音楽・演劇・図工など）

表現の授業も、協働のよい例です。音楽の合奏や合唱、演劇のシナリオづくり、催し物のポスターづくりや会場の準備・役割分担・観客の招待・実際の発表などは、どれもグループ・リーダーの指示に従って行うのではなく、自分たちの力で協働して生み出していきます。

● 保護者と共に

イエナプラン・スクールでは、保護者が学校での活動に積極的に協力することが期待されています。そこで、協働の時間には、子どもたちの活動に保護者が参加することもしばしばあります。たとえば、保護者による子どもたちへの料理指導、保護者の職業の説明会やデモンストレーション（進路指導の一環）、教室の内装替え、などです。

> ### 4つの基本活動　4. 催し

喜びや悲しみなどの感情を分かち合う

● お祝いだけでなく、悲しいときも一緒に

　基本活動の第4番目は、催し。ドイツ語でFeier、オランダ語でvieringという言葉で表現され、その本来の意味は「お祝い」です。しかし、オランダのイエナプラン・スクールでは、何かおめでたいことを取り上げて一緒にお祝いするだけではなく、悲しいことがあったときにも、皆で一緒に分かち合うようにしています。つまり、お祭りのような楽しい行事だけではなく、人が亡くなったり病気になったり事故にあったりなどの悲しい出来事も取り上げて、学校全体で共感を持つようにしています。喜怒哀楽を共にすることで、子どもたちは、自分がたった一人で生きているのではないことを感じとることができます。また人間は、多くの場合、同じような出来事に出合うと、同じような感情を持つのだという確信も持てるようになります。

● 教室で

　ファミリー・グループごとに教室で行われる催しの典型的なものとして、子ども一人ひとりの誕生日とグループ・リーダーの誕生日があります。

　誰かの誕生日には、朝の最初のサークルのときに皆でお祝いをします。誕生日の子以外の子どもたちが企画して、ホワイトボードや電子ボードを飾り、歌を歌ったり、詩を読んだりして、皆で祝福します。

　オランダの小学校では、誕生日を迎えると、その日、その子は学校中の先生のところに行ってカードにお祝いの言葉を書いてもらうという習慣があります。そのときには、家から持ってきた、もてなしのための果物やカップケーキのような小さなおやつをお盆に乗せて持っていきます。一人では恥ずかしいので、誰か親しい友だちと一緒に、二人で学校中を回ります。

　もちろん、弟や妹が生まれたときや、誰か家族が病気になったり亡くなったりしたときも、サークルのなかで取り上げ、皆で喜びや悲しみを分かち合います。

　また、ファミリー・グループの子どもたちが企画して、保護者を招待し、一緒に何かを祝うこともあります。たとえば、何かのテーマ学習を終えたときなどに、保護者を招いてその成果を発表し、学びの成功を共に祝います。そこで、どんなふうに招待状を書くのか、お祝いのパーティをどのように進めるのかなどは、子どもたちの主体的な企画をもとにした協働の学びになることは言うまでもありません。

● 学校全体で

　学校全体の催しの典型的な例は、年間行事です。新学年の始まり、卒業のお祝い、またクリスマス、聖ニコラスの日（12月6日に祝われるプレゼント交換の日）、復活祭などのほか、現在は、移民の多い学校では、イスラム教のお祭りを一緒に祝うこともあります。ほかの人の文化

の伝統行事を、保護者も参加して一緒に祝うことは、保護者も一緒に異文化を受け入れる姿勢を学ばせるうえでとても意義のある時間となります。

●週の初めや週末などに行うミニ発表会

　イエナプラン・スクールの学校全体の催しのなかで最も重要なのは、毎週行われるミニ発表会です。学校によって、週の初めの月曜日にやるところ、半ばの水曜日にやるところ、週の終わりの金曜日にやるところなどがあります。

　やり方や内容は学校によって少しずつ異なります。目的は、学校にいるすべての子どもたちとすべての教職員が参加し、保護者も可能な限り参加して、学校共同体として喜怒哀楽の共感を得ることにあります。

　その週に学校で起きたこと、子どもたちに起きた事件などを皆で共有します。

　また、毎週の学びをファミリー・グループごとに、短い演劇、歌や音楽・詩の朗読、プレゼンテーションなどにして、ほかのファミリー・グループの子どもたちと共有します。10分以内に終わるようなもので、負担になるほど大きなものではありません。

　規模の大きな学校では、毎週交代で、2〜3週間に一度ずつ発表しますが、規模が小さい学校では、どのファミリー・グループも毎週発表します。

　こうした発表は、原則としてファミリー・グループの子どもたち自身が企画するもので、グループ・リーダーが率先して行うものではありません。グループ・リーダーは、子どもたちが何をしたいのかを理解し、それがうまく発表につながり成功するようにアドバイスをします。子どもたちの手づくりによる発表は、けっして質が高い上手なものではないかもしれません。しかし、催しは、教員が子どもたちをいかにうまく指導しているかを保護者に見せるための場ではありません。子どもたちの力が発揮され、それを全校の子どもと共に、また保護者と共に祝うことが何よりも重要なのです。

　ときには、子どもたちのために、教職員が出し物を用意して皆に披露することもあります。たとえば、「春」「アート」「性教育週間」など、何か全校統一のテーマで数週間にわたるワールドオリエンテーションが始まる前などに、子どもたちの好奇心を掻き立て、学びに動機づけるために、教職員が皆で役割を分担し、寸劇などを見せることがあります。

　教室は、子どもたちの「自由に」委ねられているが、教室を自分勝手に使ってよいというのは「見せかけの自由」だ。子どもたちの自由には「グループのルール」の範囲内でという限界がある。「グループのルール」とは、教室で起こってもよいこととは、すべての人が共に欲していること、学校での秩序ある共同生活と仕事とを、この教室内にいるすべての人にとって、ちゃんとしかも美しいかたちで保障するものであることのことだ。ここで、つい表面的に考えて忘れがちなのは、この「すべての人」には教員も含まれていることだ。

ペーター・ペーターセン『小さなイエナプラン』より

▶ ワールドオリエンテーション

その意義・基礎教科学習との関係

● ホンモノを題材として物事のシステムを学ぶ

　『学習する組織』や『学習する学校』で有名な、システム理論の研究者ピーター・センゲは、これからの学校が「システム市民」を形成することの重要さを指摘しています。「システム市民」とは、物事の関係性や、部分部分の全体のなかでの構造的なつながり、すなわちシステムを理解して、社会に対して創造的に、また責任を持って行動する人々のことです。

　他方、センゲは、子どもはもともと、システムを理解する力を持っているとも述べています。そうした、子どもたちが生まれながらに持っている、物事のシステム的な理解を妨げてきたのは、もしかすると学校の方であるのかもしれないのです。学校はこれまで、過去に得られた知識を新しい世代に伝達することに注力するあまり、物事を単純化させて教える習慣を作ってきました。もちろんそれは大切ですが、それだけでは、新しい時代の要請に応えることはできません。

　新しい時代は、常にこれまでに人類が経験したことのない課題を突きつけてきます。自然環境にかかわる課題もあれば、人類社会にかかわる課題もあるでしょう。両方の分野にまたがっていることも少なくないでしょう。しかし、このようなホンモノの世界で起きるホンモノの課題に取り組む練習を、従来の学校は意識して行ってきたでしょうか。それよりも、教員にとっての教えやすさという都合で、システムの複雑さを理由に、物事が持つ全体の仕組みや成り立ちについて学ぶことを避け、教科という枠組みで、分節的に知識を伝達しては、その成果をテストで測ってきたのではないでしょうか。

　科目に分断化されたものを、もともとのホンモノの文脈のなかで置き換えて考え直してみるとか、いくつもの因果関係を組み合わせて現実に起きていることを複合的に理解するといった練習を、伝統的な学校はほとんどしてきていません。けれども、どんなに科目的な知識を頭に詰め込んでも、そうした複数の科目に散らばった知識を組み合わせて、現実の特定の問題に対して応用することを学んでおかなければ、子どもたちはそれらの知識を本当に使って生きていくことはできません。

● 答えではなく、問うこと・探究すること

　イエナプラン・スクールでは、子どもたちが自分の内側から湧いてくる問いに気づき、そこから解を求めて探究することを重視しています。もちろん、読み書きや算数、外国語、理科の定理や社会の基礎知識などは、自らの問いをもとに探究するための重要なツールで、当然学んでおかなければなりません。しかし、子どもたちがそれを使って探究しながら、世界のなかに自分の位置を見出していくこと、それこそが学校教育の究極的な目的であると考えます。

　ワールドオリエンテーションが、イエナプランのハート（心臓）と呼ばれるゆえんです（子どもが、元来、自分の周りのありとあらゆることに好奇心を持ち、問いでいっぱいの存在であ

実践編（やってみよう）：イエナプランを教室・学校に取り入れるためのヒント

るということ、また答えが見つかるかどうかにかかわらず、そうした問いを持ち続けさせることが教員としてどれほど大切かについては、67頁、134頁に、オランダのイエナプランのワールドオリエンテーションに多大な影響を与えたヨス・エルストヘーストの「ちっちゃなニルス」というエッセイを掲載しています。また、付録（137頁）に有名な「ライオン蟻に聞いてごらん」を掲載していますので、ぜひ参照してください。）

🌸 グループ・ワークの大切さ

ワールドオリエンテーションというと「総合的な学習」のことだと考え、それなら「理科と社会を融合させた学びだ」と安易に捉える向きが多いです。オランダでも、イエナプランの影響で1981年以来、理科や社会という科目がなくなり、「人と世界のためのオリエンテーション」、通称「ワールドオリエンテーション」という科目が設置され、オランダの一般校の先生たちも、単純に理科と社会の融合と考えるようになってしまいました。

そうした動きに対して、ヒュバート・ウィンタースとフレーク・フェルトハウズは、もう一度原点に戻る意味で、ワールドオリエンテーションを「ファミリー・グループ・ワーク」という言葉に置き換えようと提案しています。実際、ペーターセンもグループ・ワークと呼び、自らの問いから発する探究を協働で行うことの意義を認めています。

一人ひとりが自分の個別の問いについて探究することも大切ですが、グループで分担すれば、一人で探究するときよりも視点が豊かになります。異なる文化や社会・経済的背景を持つ人々が共に協力していかなければならないこれからの時代、子どもたちにとって大切な学びです。

🌸 教科学習とワールドオリエンテーションの補完関係

大切なのは、教科学習による基礎学力や基礎知識の習得と、何かの問いをもとに探究していくワールドオリエンテーションとは、いずれも同様に重要なもので、けっしてどちらがどちらかに取って代わるというのではなく、相互補完的な関係にあるということです。

下の図に示したように、教科学習だけでは、子どもは何のためにそれらのスキルや知識を学んでいるのか理解できません。それを使ってワールドオリエンテーションで応用できて初めて、教科学習をすることの意味が理解できます。また逆に、ワールドオリエンテーションでさまざまな問いを見つけ、探究を始めると、そのための道具が必要であることに気づきます。どちらが欠けても学びは不完全です。

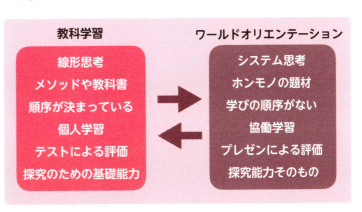

▶ ワールドオリエンテーション

ホンモノに対するホンモノの問い

🍓 答え探しでなく問うことの大切さ

　教員になると、小学校でも大学でも、生徒の前で「知らない」「わからない」とはなかなか言いにくいものですね。そして、子どもたちが、自分の期待どおりの答えを答えないと、「違うだろう」「そんなことも知らないのか」「この前教えたばかりじゃないか」と、子どもが「知らない」「わからない」ことを責めることさえ稀ではありません。その結果、子どもたちは「知らない」「わからない」と言うことに躊躇するようになります。

　けれども実は、世の中には私たちが知らないことが山ほどあります。むしろ、知っていることよりも知らないことの方がずっと多いです。それに、教科書で学んだ知識は、自分で経験して知り得た知識とは異なり、本当に「わかっている」かすら疑わしいものです。

🍓 ホンモノの問いとは？

　ワールドオリエンテーションは、子どもたちが自ら発するホンモノの問いから始まります。ホンモノの問いとは、自分自身が、本当に答えを知らない問いのことです。その意味で、学校の先生がよくやる、わかりきった答えを頭に置いてみんなに質問をする問いは、ホンモノの問いではありません。たとえば、授業で教科書を使って教えた内容に対して「フランス革命は何年に起きたか？」「最も人口密度の高い国はどこか？」などと子どもを相手に質問するのは、テストをして確かめるためだけの問い、わかりきった答えを確認するための問いで、ホンモノの問いとは言えません。理科でよくやる「オモシロ実験」も、子どもの興味・関心を引くという点では意味があるかもしれませんが、ワールドオリエンテーションの出発点となるホンモノの問いに基づく探究とは言えません。

　ホンモノの問いとは、たとえば「なぜ、朝の光は青く見え、夕方の光は赤く見えるのか」とか「どうして白血球は怪我の部位がわかるのか」といった問いです。子どもだったら、「蜘蛛はどうやって蜘蛛の巣を張るのだろう」「電気もないのに、どうして稲妻は光るのだろう」「虫は眠るのだろうか」というような問いです。

🍓 探究の仕方を学ぶ

　こういったホンモノの問いがあって初めて、探究するだけの意味や意義が生まれるのです。何かオモシロ実験をして、大人がすでに知っている問いに導くのが探究ではありません。

　何よりも重要なのは、大人である親や教員が、常日頃からホンモノの問いと向き合い、その答えを探しながら生きているということです。答えはすぐに得られないこともあります。答えのない問いを心に抱き続け、探究し続けることが大切なのです。「本当だね、不思議だね。どうなっているんだろう。僕にもわからないなあ」と言える教員こそが、子どもたちの探究意欲に

実践編（やってみよう）：イエナプランを教室・学校に取り入れるためのヒント

火をつけ、学び続けることの喜びを教える教員です。

　教科学習で教える基礎学力を時々テストして確認することはもちろん大切です。しかし、それだけでは学校教育は十分であるとは言えません。前日に教えた内容を、みんなの前で答えさせ、間違っていたら「ダメじゃないか」「そんなことも知らないのか」と罵倒する教員は、単に、子どもたちを観客にして、自分の「教師としての権威」を振りかざしているだけです。それは、子どもたちが自立した人間として自ら豊かな人生を送るようになることを目指した本来の教育からは程遠いものです。イエナプランの専門家らは、これを「学校ごっこ」と呼んでいます。

ちっちゃなニルス
（ヨス・エルストヘースト　Jos Elstgeest*）

「ちっちゃなニルスは生まれて13ヵ月、少しもじっとしていないで、裸で、嬉しそうに、クンドゥチの素晴らしく美しい浜辺の、濡れた砂の上を這い回っている。ギリギリで海ではない陸の上、ギリギリで陸ではない海の中を動いている。それは、陸に押し寄せてきて力を失った波が、斜面になった砂浜で疲れ切って再び止まったり、砂の中に沈んだりしている場所だ。そうしている間に、ニルスの周りの砂には、あちこちに小さな穴がポツポツとあき、そこに泡がプクプク出てきている。それがとても気になるらしく、ニルスは、ものすごい集中力で、ぽっちゃりした小さな指で穴から穴へと追いかけている。そしてまた、新しい波が押し寄せてその穴をすっかり消してしまい、また、新しく穴が空き始めるのだ。ニルスは、またもや、穴との終わりなき遊びを始めるのだが、期せずして大きな波がニルスを包んで押しやり、ニルスはそれに驚いて泣き始め、とうとうニルスの遊びにも終わりが来てしまう」

*ヨス・エルストヘーストは、アフリカでプライマリー・サイエンスの指導をしていたオランダ人だが、1970年、フロイデンタールが偶然のきっかけで彼と出会い、ペーターセンの「問い」の大切さ、とくに「問い」を刺激する「子ども学的な状況作り」の観点から、彼の取り組みに感銘を受け、以後、オランダにおけるワールドオリエンテーションに多大の影響を及ぼすこととなった。付録にあげたヨス・エルストヘーストの「ライオン蟻に聞いてごらん」は、オランダ・イエナプラン教育における「古典」とも言える論文で、不思議に思うこと、問いを持つことの大切さと同時に、どのようにそれを子どもたちに刺激していくかを簡潔に示した書として、オランダのイエナプラン関係者に長く愛読されてきた。

エルストヘーストは、フロイデンタールとの出会いから23年後の1993年に病没しているが、その際、オランダ・イエナプラン協会は、その機関紙Mensen Kinderenで彼の特集号を刊行している。

https://www.jenaplan.nl/userfiles/files/mensenkinderen/MK1993-11_jg09_nr2.pdf

▶ ワールドオリエンテーション

テーマは子どもの身近な世界から

● 広がりのあるテーマは具体的で身近なもの

　総合学習のテーマというと、とかく学校の先生たちは、いろいろなことがたくさんできるように と、多くの問いの受け皿になるような抽象的なテーマを立てがちです。たとえば「アフリカ」「昆虫」「春の花」といったテーマです。

　こうした大きなテーマから始めても、探究できないことはありません。しかし、子どもたちの好奇心に火をつけるのは、目の前に起きていることや普段見慣れている物、話題になっている出来事などです。つまり、単に「アフリカ」というよりも、アフリカのどこかの国の楽器、昆虫よりもその日誰かがどこかで見つけた虫（たとえば、ヨス・エルストヘーストが取り上げたタンザニアの、その地方では誰でも知っているライオンのような形をした蟻）、「春の花」より「校庭に咲いているチューリップ」の方です。

　テーマそれ自体は、それほど大切ではありません。なぜならテーマは、探究方法を学ぶためのとっかかりにする手段に過ぎないからです。むしろ、子どもたちが「探究したい」と思えるようになるテーマを選ぶことが大事です。だから、子どもの経験世界にある、身近で具体的なものがよりふさわしいのです。

● 子どもたちに関心のあるテーマは学びの意欲につなげやすい

　ですからテーマは、たとえばある日、朝のサークルで話題になったことでもかまいません。どの子かが、何かを発見したことを話題にするかもしれません。また、ある大きな事件が起きて、誰もがそのことを話題にしているということもあるでしょう。あるいは誰かの家族に起きたことが、グループの子どもたちの関心を引いているかもしれません。

　ワールドオリエンテーションは、そうしたテーマをきっかけに始めることができます。

　そして、なんでもない身近な話題から始まった探究が、何ヵ月間も子どもたちの好奇心を引き続け、探究作業がずっと続いていくこともあります。子どもたちの探究意欲がずっと高いまま続いているのに、ワールドオリエンテーションは1ヵ月で十分、といった教員の側の都合で止めたり、必要以上に計画にとらわれたりするのは、可能な限り避けたいものです。

● 学校全体でひとつのテーマのもとで探究する

　しかし、テーマがいつも子どもの方からうまく提供されるとは限りません。また、子どもの関心は、一人ひとり違います。性別によっても性格によっても、関心の対象は変わります。そこで、オランダのワールドオリエンテーションを体系化していったケース・ボット氏は、子どもたちの身の回りで起きる経験を7つの分野に分け、学校全体で、一定期間（3〜4週間程度）いずれかの分野のひとつのテーマを立てて探究学習を行う方法を提示しました。7つの分野を定期的に巡

回していくことで、子どもたちのさまざまな経験分野をカバーできるというものです。

🍡 ワールドオリエンテーションのテーマをすべての教科教育に関連づける

また、ケース・ボットは、テーマが決まったら、その時期は教科教育においても、そのテーマに可能な限り関連づけることを勧めています。たとえば、作文や詩や読書のテーマにしたり、算数で学ぶ数、形、統計やグラフを、調べ作業や報告に使ったりすることができます。

ケース・ボットの7つの経験領域（付録4〈146頁〉にテーマ例）

作ること・使うこと
働くということ
消費するということ
持続可能性

技術
建造
機械と道具
大きなシステム
原材料とエネルギー
技術を使うということ

コミュニケーション
誰かほかの人と、ほかの人の間に交じって
自然と、自然のなかで
神々とのコミュニケーション

環境と地形
人と動物の生息地としての環境と地形
人の生息地としての環境と地形
住まいとしての地球

共に生きる
何かに属する（参加する）ということ
共に快適に生きるということ
一緒に世界を作るということ

めぐる1年
1年というめぐる時間
祝祭と行事
学校の1年

わたしの生
わたし
人類
大人たち

出典：Kees Both, "Jenaplanonderwijs op weg naar de 21e eeuw——een concept voor Jenaplanbasisonderwijs", NJPV, 1997 p.121

イエナプランのハートとしてのワールドオリエンテーション

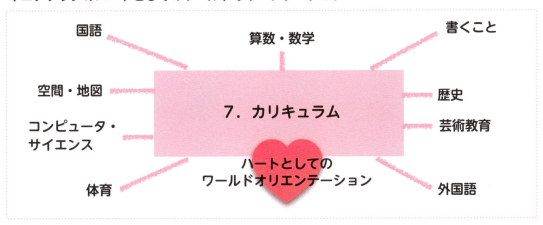

出典：Kees Both, "Jenaplanonderwijs op weg naar de 21e eeuw——een concept voor Jenaplanbasisonderwijs", NJPV, 1997 p.114

▶ ワールドオリエンテーション

ワールドオリエンテーションの進め方 ＜ヤンセンの自転車モデル＞

●「ヤンセンの自転車モデル」とは

「ヤンセンの自転車モデル」とは、ワールドオリエンテーションの進め方を自転車にたとえてモデル化したもので、ヤンセンという名前は、イエナプラン・スクールの校長だったクリス・ヤンセンが開発したことから来ています。「ヤンセンの自転車モデル」は、オランダの国立カリキュラム研究所（SLO）でも、生徒の主体による学びのモデルとして、全国的に紹介されています（http://downloads.slo.nl/Documenten/fiets-jansen-didactisch-model-leerlingparticipatie.pdf）。

　このモデルをよく見てみると、科学のプロセスを明快に示していることがわかります。ワールドオリエンテーションが目指しているのは、子どもたちが何らかの問いを立てて探究に動機づけられたときに、仮説を立て、誰もが納得する方法を使ってそれを証明し、その結果わかったことを提示して、仮説と関連づけて結論を出し、この探究作業のプロセスを記録して、後進の研究者のために保管して残すことにあります。

　科学は、他者が示すステートメント（言明）に対し、批判的な思考により、そのステートメントが裏づけのあるものであるのかを確認したり、あるいはそのステートメントとは異なる結果もあり得ることを証明して、コミュニティ全体の知識がより豊富で正確なものになっていくプロセスにほかなりません。はたして、これまで私たちが「理科」や「社会科」として学んできたことのなかに、こうした科学のプロセスそのものについての学びはあったでしょうか。

● 7つのステップ

　それでは、「ヤンセンの自転車モデル」に沿って7つのステップを見てみましょう。右のページの図を参考にしてください。前輪と後輪に当たるステップ1、2、5は、いずれも、ファミリー・グループの成員全員がサークル対話のかたちで行うので、車輪でそれを象徴しています。

ステップ1：前輪〈刺激する〉さまざまな方法を駆使して、子どもたちの好奇心を刺激します

ステップ2：前輪〈問いを集める〉何らかのテーマ（ものや事象）について子どもたちの問いを集めます

ステップ3：チェーン〈計画する（誰が何を調べる？）〉出てきた問いをマインドマップで整理し、担当する役割を小グループまたは個人で分担し、探究作業の計画を立てます

ステップ4：チェーン〈探究する（実験・発見・インタビューなど）〉ファミリー・グループの仲間に報告するための準備です

ステップ5：後輪〈発表する（内容にふさわしい形式で）〉探究の結果を皆と共有します

ステップ6：サドル〈記録し保管する〉探究の成果を振り返り、まとめ、保管します

ステップ7：ハンドル〈学習目標（指導要領）と照らす〉学んだ内容を学習目標と照らし合わせ、まだ取り扱っていない目標に向かって新たな探究の計画を立てます

実践編（やってみよう）：イエナプランを教室・学校に取り入れるためのヒント

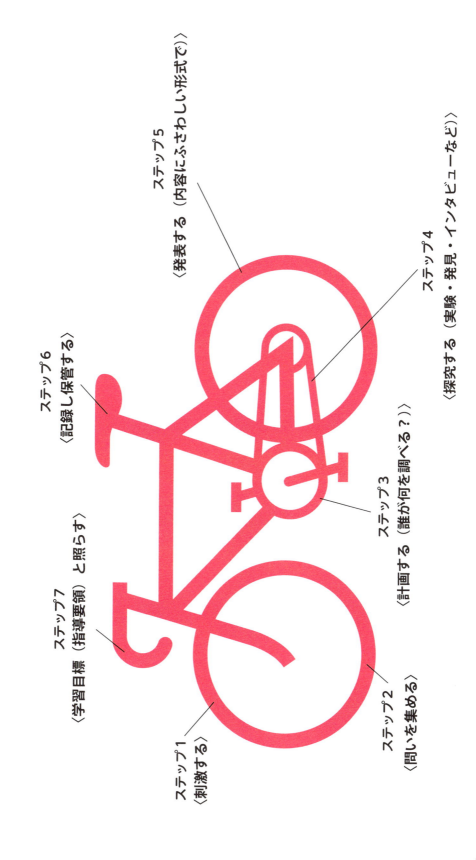

▶ ワールドオリエンテーション

マインドマップを作る

● 動機づけ

「ヤンセンの自転車モデル」のステップ1は、何らかの刺激によって、子どもたちが探究への意欲を動機づけられる段階です。それは、どの子どもかがサークル対話に何かとても興味深い話題を持ってきたというきっかけもあるでしょう。しかし多くの場合は、グループ・リーダーが子どもたちの7つの経験分野のうちのどれかを取り上げ、そのテーマについて何らかの方法を使って動機づけをします。

それには、校外に出て何かを観に行く、外部の専門家を連れてきて話をしてもらう、グループ・リーダー自身がものを持ってきたり、衣装を着て寸劇をしたりする、ビデオを見たり、絵を見せたり、映像を見せたり、何かのお話を聞かせたりするなど、いろいろな方法が考えられます。大切なのは、定型化することなく、子どもたちが前のめりになって好奇心でいっぱいの状態にすることです。

● 問いをマインドマップにする

動機づけができたら、皆で問いを出し合います。そのために、マインドマップを作ります。つまり、何かのテーマについて、できれば対象となるものをサークルの真ん中のテーブルに置くなどして、それについて子どもたちに思いつく限りの問いを書きとめさせ、それをマインドマップにして整理していくのです。

目的は、ファミリー・グループ全員でひとつのマインドマップを作ることですが、その前に子どもたちは、皆一人ずつで自分の問いをマインドマップに整理します。このとき、グループ・リーダーもマインドマップを作ります。グループ・リーダーは、学習指導要領で教える内容を把握していますから、このテーマでカバーできそうな学習指導要領の項目を考慮に入れながら、マインドマップを作ります。

次に、全員のマインドマップをつき合わせながら、ファミリー・グループに共通のマインドマップに作り替えていきます。このときグループ・リーダーは、マインドマップの中心に近い部分の活動が、学習指導要領の項目をカバーできるように設定します。

それよりも外側の、つまりマインドマップの小枝の先に当たる部分（枝葉末節）にある問い（どの子かが出した特有の問い）は、その問いを出した子どもが、自分が一人で取り組む個別のテーマ、個別のプロジェクトにすることもできるでしょう。

マインドマップが完成したら、数人ずつの小グループに分かれて部分部分の探究作業を担当します。グループ・リーダーも担当部分を持ちます（子どもたちには探究がむずかしい部分を担当して、その結果を子どもたちに教えることができます）。

実践編（やってみよう）：イエナプランを教室・学校に取り入れるためのヒント

▶ ワールドオリエンテーション

各ステップでグループ・リーダーが留意する点

　下記の留意点は、JAS(Jenaplan Advies & Scholing), Stamgroepwerk: wereldoriëntatie met de Fiets van Jansenで、ヒュバート・ウィンタースとフレーク・フェルトハウズが記載しているものをもとにして、筆者の解釈も加えてまとめました。

ステップ1　刺激する
　子どもたちがアクティブになり、探究したくてたまらないといったふうになるように刺激するにはどうすればよいかと考える。ときには、子どもたちをハッとさせるような衣装を着たり、意外なものを教室に持ってきたりすることもあってよい。

ステップ2　問いを集める
　子どもたちが出す問いには、どれに対してもポジティブに応じる。質問をするたびに「そんなこともわからないのか」という態度で応じていると、子どもたちは、簡単な問いもしてはいけないものだと思ってしまう。知らない・わからないことは率直に出す態度を養うこと。

ステップ3　計画する
　問いをマインドマップにまとめたら、数人ずつのグループに、それぞれの部分を担当させる。マインドマップを作っておくことで、子どもたちは、自分が全体のなかのどの部分を担当しているのかを意識して仕事を進められる。計画の際に、誰が何をいつまでにするのか、どんな発表にするかなどを見通して計画していく。発表形式は、伝えたい内容が何であるかを決め、それにふさわしい形式を考える。逆（見かけのよい発表形式を、報告内容よりも先に決めてしまう）にならないように。

ステップ4　探究する
　計画に沿って探究を進めるが、どの子どもたちもアクティブに探究活動に参加しているかどうかに気をつけること。うまく参加できていない子どもたちにアドバイスして、探究活動がその子どもたちにとっても意味のあるものになるよう、成果の発表が成功裏に終わるように支援する。
　探究の際、子どもたちが、情報源として、2次資料（本やマスメディア、インターネットなどにある資料）ではなくできる限り1次資料（実験・観察・インタビュー・実態調査など）を使うように奨励する。

ステップ5　発表する
　探求した内容に合わせ、多様な発表形式を考慮し提案する。口頭によるプレゼンテーションだけではなく、演劇・クイズ・スライドショー・展示会・歌などいろいろな方法が考えられる。

ステップ6　記録し保管する
　記録は、グループ・リーダーが自分だけでするのではなく、子どもたちと相談しながら内容

実践編（やってみよう）：イエナプランを教室・学校に取り入れるためのヒント

を決め、探究のプロセスを振り返りながら、その振り返りの内容も含める。

🍡 ゴミをテーマにしたワールドオリエンテーションの例

動機づけ

　学校中のゴミ箱を集めて、教室の床に敷物を敷いてその上にゴミ箱のゴミを広げてみせます。「どんなゴミがあるかな」「みんなのお家のゴミ箱の中身も同じようなものかな。学校のゴミ箱にはないものが家のゴミ箱にはある？　家のゴミ箱にはないものが学校のゴミ箱には入っている？」「捨てたゴミはどこに行くのかなあ」
などと皆で自由に発言する時間を設けておいて、それから、
「ゴミについて問いを集めてみましょう」
とマインドマップづくりに入ります。

　または、ゴミの回収車が学校に来る日や時間がわかっていれば、皆でその様子を見に行ってもよいでしょう。

問いを出してみる（各自のマインドマップの上で）

　子どもたちには、手元の紙とカラーペンを使って、それぞれ自分で思いつく問いを、自分なりのマインドマップにして書き出させましょう（皆で話し合いをする前には、このように自分で考える時間、または近くの２、３人で意見を出し合う時間を設けてから全員で話し合うとよいです）。グループ・リーダーも、子どもたちの問いを予想しながら、自分のマインドマップを作ります（グループ・リーダーや学校が事前にテーマを決めている場合には、前もってマインドマップを作っておくことができます）。このときグループ・リーダーは、できるだけ学習指導要領の項目に結びつけられるように工夫します。

　マインドマップは、子どもたちに物事の関係性や全体像を理解する力をつけるのに役立つと言われています。コンピュータ上で使えるアプリケーションもたくさんありますが、自分で手を動かして作る方が脳をよりよく刺激し、効果的であるとも言われています。

皆の問いを集める

　子どもたちに呼びかけて、それぞれが手元のマインドマップに出していった問いを発表し、皆と共有していきます。それを、誰かが黒板かホワイトボードに書き出していきます。たとえば次のような問いが出てくるのではないでしょうか。

ファミリー・グループの問いのリスト
・どんな種類のゴミがあるんだろう？
・ゴミは誰がどこに運んでいくの？
・ゴミをどこかに持っていって捨てるのにかかるお金は誰が払うの？

・学校では出ないけど家では出るゴミは？
・工場やお店から出るゴミにはどんなものがあるの？
・1年間に出るゴミの量ってどれくらい？
・昔はあって今はないゴミとか、今はあって昔はなかったゴミとかある？
・昔の人は、ゴミをどこに捨てていたの？
・ゴミはいつでもゴミ？
・捨てずにまた使えるゴミもある？
・古着や空き瓶はまだ使えるけど、どうすればほかの人に使ってもらえるの？
・捨ててはいけないゴミってある？　捨てられないゴミはどうすればいいの？
・自動車とか冷蔵庫とかの大きなゴミはどうなるの？
・誰も使う人がいないゴミはどうするの？
・水害や台風などの災害で家が壊れたときに出るゴミは誰が片づけるの？
・日本にはあって外国にはないゴミとか、外国にはあって日本にはないゴミとかもある？
・ゴミを片づけるための規則は日本と外国では違うの？
・ペットボトルやビニール袋は何からできているの？
・空き缶や空き瓶は何からできているの？
・壊れたおもちゃや壊れた道具は捨てた後どうなるの？
・赤ちゃんのオムツはどこに行くの？
・食べ物の残りは肥料になるってママが言ったけど本当？　どうやって肥料ができるの？　等々

　皆で問いを出し合うと、自分が思いつかなかった問いがほかの子から出てくるのを聞くこととなり、新しいものの見方を学ぶことになります。

ゴミをテーマにしたマインドマップの例（未完成）

- 誰がどうやってまた使う？
- また使えるゴミ
- 使えないゴミ
- それにかかる費用は誰が払う？
- ゴミはいつでもゴミ？
- ゴミは誰がどこに持っていく？
- **ゴミ**
- どんな種類のゴミがある？
- 昔あったゴミと昔はなかったゴミ？
- 規則の違い？
- 日本と外国の違い？
- 1年間にどれくらいのゴミが出る？
- ゴミの量の違い？

ファミリー・グループのマインドマップに

　このようにして、ファミリー・グループの子どもたちの問いがだいたい出そろってきたら、子どもたちの意見を聞きながら（子どもたちは自分で作ったマインドマップの分類法を見ながら）ファミリー・グループで共通のマインドマップ（右のページ）を作っていきます。

探究作業の役割を分担して作業に入る

　このマインドマップをもとに、ファミリー・グループのメンバーで小グループごとに分かれ、探究作業の役割分担をします。どれを担当するかは、できるだけ子どもたちの主体性に任せ、お互いが譲り合いながら全体がカバーできるようにします。むずかしそうな課題は、グループ・リーダー自身が自分の役割として担当します。

　このテーマだと、ゴミ処理工場に見学に行く、市役所の担当者に話を聞きに行く、考古学者に聞いてみる、外国の事情を知っている人または外国生まれの人に聞いてみる、統計を調べてみるなどの探究のためのアクティビティが考えられそうです。そのために、グループ・リーダーは、子どもたちが訪問先にメールを書いたり電話をしたりする方法を教え、練習することができます。

　また、学校のなかで、毎日どれくらいの量のどんなゴミが出るかを調べてグラフを作るのにも応用することができます。こうしたアイデアも、できる限り子どもたちの方から考えて提案できるように、またグループ・リーダーは、「めんどうだ」「時間がかかる」とは言わずに、可能な限り子どもたちのアイデアが実現できるように支援します。

▶ ワールドオリエンテーション

ストーリーライン・アプローチ

🌸 スコットランドで開発された総合的でアクティブな学習

　前述のようなやり方のほか、オランダのイエナプラン・スクールでは、ワールドオリエンテーションの手法としてストーリーライン・アプローチをよく採用しています。

　ストーリーライン・アプローチというのは、ヨーロッパで総合的な学習への関心が高まった1960年代に、スコットランドのグラスゴーにあるヨルダンヒル教育カレッジというところで、スティーブ・ベルらが開発したものです。その後、この手法はアメリカ合衆国やスカンジナビア諸国でも導入され、現在ではアジア諸国でも広がっているようです。オランダ教育界は、そのなかでも早くからこの手法に注目しており、教科枠を越えた総合的な学びとして、国立カリキュラム研究所が取り上げ、オランダ版のガイドブックを作るなどしており、イエナプラン・スクールだけではなく、小・中学校で広く普及しています。

　詳しく知りたい方、研究したい方は
www.storyline-scotland.com（英語）またはhttp://www.educatief-ontwerpen.nl/vo.html（オランダ語）をご覧ください。

🌸 教える側と学ぶ側が共に組み立てていく学び・知識ではなく創造性や情緒も

　スコットランドのストーリーラインのサイトでは、この手法の意味を次のように説明しています。
「ストーリーラインは、教員と学習者の間のパートナーシップを生み出す。そこで教員は、『ライン』すなわち、ストーリー（物語）の各章を設定し、学習者はそのストーリー（物語）を創造し発展させていく。ラインあるいはプランはカリキュラムの中身（知識）やスキルの練習を目的としており、ストーリーがそれらに文脈を提供するので、子どもたちには当事者意識が生まれ高い動機づけで学ぶことができる。子どもたちは、ストーリー（物語）に生命を与える登場人物らを生み出していく。『ライン』はいくつかのキー・クエスチョンで企画されている。ストーリーラインでは、単に知識やスキルを学ばせるというにとどまらず、感情や態度についても学ぶことができる」（リヒテルズ訳）。

🌸 例：鳥好きのフローリス

　右のページにあげたのは、「鳥好きのフローリス」というストーリーラインの例です。ロープの節目の部分が教員の企画で、鳥や図鑑についての知識、調べる・工作する・手紙を書くなどのスキルが意図として含まれています。下の表の枠組みを使って、どんな知識やスキルを学ばせたいかをもとに、さまざまなタイトルで中身やアクティビティを変えることができます。

実践編（やってみよう）：イエナプランを教室・学校に取り入れるためのヒント

ストーリーアプローチ例：鳥好きのフローリス

① 島に住んでいる鳥好きで恥ずかしがり屋のフローリスという少年の登場

② フローリスが持っている鳥の本

③ フローリスが引越しをする？

④ 鳥がガラス窓にぶつかった！

⑤ 学びを振り返る催し

ストーリーライン	何が起きた？	子どもたちのアクティビティ	ねらい
1つ目の結び目	フローリスはある島に住んでいる恥ずかしがり屋の男の子。鳥が大好きで、友だちが二人いる	絵や工作の課題 グループ1：フローリスを表現 グループ2：フローリスの友だちはどんな子たち？ グループ3：フローリスの家族は？ グループ4：フローリスの家はどんな家？ グループ5：フローリスの部屋はどんな部屋？	フローリスについて想像して自分の考えを表現する
2つ目の結び目	フローリスは鳥の本を持っている。そこにはフローリスが住んでいる島にやってくる鳥のことが書かれている	鳥図鑑を作る 各グループで話し合って、自分たちの鳥図鑑を作る。鳥のリストを作る。ページの構成を決める（写真や絵、説明、分布図など）	鳥について学ぶ 図鑑について学ぶ
3つ目の結び目	フローリスのお母さんが仕事の都合で島を離れ町で仕事をすることに。フローリスも引越しをすることになった	感情について話し合う フローリスは引越しについてどう感じている？ 新しい家や学校はどんなところ？ フローリスにお別れの手紙を書く （一人ひとり）そこには、新しい学校で友だちを作るためのアドバイスが書かれている みんなが書いたアドバイスを出し合う フローリスの新しい学校の先生にも手紙を書いてフローリスが新しい学校になじめるためのアドバイスを書く みんなが書いたアドバイスを出し合う	ほかの人の気持ちや立場になって考える（手紙を書くという作文の練習をしながら） グループのなかにいる恥ずかしがり屋の子に、無意識にアドバイスをすることとなる グループ・リーダーは、子どもたちが自分に何を求めているかを知ることになる
4つ目の結び目	一羽の鳥が教室のガラス窓にぶつかった	子どもたちは、自分がフローリスになったつもりで、何をしなければならないか話し合う 獣医か家庭医に学校に来てもらう お医者さんのカバンには何が入っているのだろう？	動物愛護について学ぶ 医者について学ぶ（大人の仕事）
5つ目の結び目	学んだことを振り返りましょう	保護者を招いてパーティをし、そこで学んだことを展示したり説明したりする	催しを企画する力

▶ カリキュラム・マネジメント

イエナプランの舞台裏

● 教科書や単元は目的でなく〈手段〉!

　ペーターセンは、学年制による学校が、当時1920年代においてすでに、多くの落ちこぼれを生んでおり、学力発達という点から見て非効率で無駄の多いシステムであることを批判していました。実験校での試みは、まさにこの無駄をなくして、すべての子どもたちが持っている潜在的な力を確実に発揮して成長できるためにはどうすればよいか、と考えて行われたものです。けっして基礎学力や基礎的な知識を教えることに反対して、社会性や情緒の発達だけを強調していたわけではありません。

　日本でも、学校の先生たちはもう何十年も前から、学年ごとに決まった内容を同じ年齢の子どもたちに教えようとしても、子どもの素質や環境のために、ほかの子と同じ教材や教え方では理解困難な子と、それでは退屈で物足りない子とが、同じ教室に数人ずついることを経験的に知っています。

　イエナプラン・スクールでは、普通のやり方ではついてこれずに落ちこぼれてしまう子、自分の能力では簡単すぎて物足りず十分に力を発揮して伸びるところまで伸ばされていない子の両方に対して、学び方・教え方を多様化できる工夫をしています。そして、そのためにはまず何よりも、これまでの画一・一斉授業の基本アイテムである教科書至上主義と単元達成主義から教員たちが解放され、現場の目の前の子どもたちのために、同僚と共に協力・分担・調整しながら自分たちで独自の指導計画、すなわちカリキュラムを立てることが必要です。

　オランダに視察にいらっしゃる日本の先生方は、よく、「教科書は何を使っているのですか」「教科書を購入できないでしょうか」と言われます。シチズンシップ教育や性教育についてもです。しかし、オランダの小学校ではもう何年も前から、いわゆる教科書だけに頼った授業はしておらず、はるかにバラエティに富んだ教材群を子どもに合わせて選択的に使い、また子どもたちの相互作用を利用した柔軟な授業形式を取り入れて指導しています。

　教科書も、一定期間に何を教えるかという目当て（単元）も、ツールとしては活用すべきです。しかしそれが目的となり振り回されていては、子どもを真に伸ばすことはできません。

● 教科ごとに、教えなければならない基礎知識・基礎能力を取り出し、どの時期に何を教えるかを計画する

　そこで、まずはいったん教科書や既成の単元を見ることを避けて、学習指導要領にある各教科の課題について、①ブロックアワーの自立学習とインストラクションで教えなければならない基礎知識と基礎能力と②その他の基本活動、すなわち対話、遊び、仕事（協働学習）、催しで可能なその他の力とに分けてみることから始めます。それが整理できたら、ほぼどの時期にどの内容を教えるか（独自の単元）に整理し直します。

実践編（やってみよう）：イエナプランを教室・学校に取り入れるためのヒント

　そしてまず、①基礎知識・基礎能力に関しては、以下のように、教科ごとにある一定の時期に習得すべき内容に対し、何らかの教材を使って自立的にやれる内容・インストラクションが必要なことに分け、さらに、理解困難な子どもともっと先に進む余裕のある子どもの両方に対して、どんな方法で教えるかをある程度予測して決めておきます。

教科（　　） 習得すべき内容	時期（月、学期など）（　　　　　　）		
	標準的には	理解困難な子どもには？	もっと先に進める子どもには？
1.XXXXX	**自立学習でできること** 教材を決める（自分で読んで理解し練習できるもの） ・ ・ ・	**自立学習で** ・ほかにどんな教材があれば自分で学べるか （　　　　　　　） ・誰かほかの子から学べるのではないか ・保護者に協力してもらう方法は？	**自立学習で** ・自分でできるところまで進めさせる ・ほかに自分が挑戦したいと思っている活動に取り組ませる ・ほかの子を助けるチャンスを与える
	インストラクションが必要なこと 何を使ってどのように教えるか ・ ・ ・	**インストラクションで** ・教え方を変えるために必要なツールは？	
2.XXXXX	**自立学習でできること** 教材を決める（自分で読んで理解し練習できるもの） ・ ・ ・	**自立学習で** ・ほかにどんな教材があれば自分で学べるか （　　　　　　　） ・誰かほかの子から学べるのではないか ・保護者に協力してもらう方法は？	**自立学習で** ・自分でできるところまで進めさせる ・ほかに自分が挑戦したいと思っている活動に取り組ませる ・ほかの子を助けるチャンスを与える
	インストラクションが必要なこと 何を使ってどのように教えるか ・ ・ ・	**インストラクションで** ・教え方を変えるために必要なツールは？	
3.XXXXX	**自立学習でできること** 教材を決める（自分で読んで理解し練習できるもの） ・ ・ ・	**自立学習で** ・ほかにどんな教材があれば自分で学べるか （　　　　　　　） ・誰かほかの子から学べるのではないか ・保護者に協力してもらう方法は？	**自立学習で** ・自分でできるところまで進めさせる ・ほかに自分が挑戦したいと思っている活動に取り組ませる ・ほかの子を助けるチャンスを与える
	インストラクションが必要なこと 何を使ってどのように教えるか ・ ・ ・	**インストラクションで** ・教え方を変えるために必要なツールは？	

▶ カリキュラム・マネジメント

多様な教材を準備する

● 自分で学んで自分で答え合わせまでできる教材

　オランダの学校には、20年ほど前からデジタル化された教材が広く普及しており、現在では基礎学力のほとんどについて、子どもたちはデジタル教材を使って自分のペースで学べるようになっています。こうした教材は、それぞれの子どもが、今どこまでできて、どこが不確実か、どこからがまだできないかが記録できますので、ログインするだけで自分の発達段階にあった学びができます。また教員のために、どの子がどのレベルにあるかも整理して一覧表にして見られる仕組みになっています。

　しかし、イエナプランがオランダで普及し始めた頃は、まだこのように便利なデジタル教材も、それを使うためのコンピュータも学校にはありませんでした。そのため、教員たちが工夫して、標準的な教科書のほかに、いろいろな副教材を教室に用意しました。今でもそれらは、多くのイエナプラン・スクールの教室に残っていますし、デジタル教材だけではなく、そうした教材も広く活用されています。そうしたやり方は、イエナプランなどのオルタナティブ教育の学校が率先して始めたものですが、やがて教材会社も教材の多様化に取り組むようになりました。

　当時作られた副教材は、国語や算数をパズルやゲームのようにして学ぶもの（パズルやゲームが完成すれば正しい答えだったことがわかる）、また、日本でいう練習帳やドリルのようなものを1ページずつバラバラにしてプラスチックカバーでコーティングし、まとめて箱に入れておき、その子のレベルに従って適切な段階のものを取り出せるようにしたものなどです。国語の読解力のためには、子どもたちが自分の興味に合わせて読めるように、教科書のほかに、たくさん児童書を置くようになりました。児童書のなかには、ディスレクシア（読字障害）の子どものために、年齢にあった内容でありつつ語彙を選んで書かれたものなども作られるようになりました。

● どの分野かで進んでいる子には、先に進むほかに、ほかの課題に挑戦したり、ほかの子を助けることも

　先に進んでいる子には、単に自立学習教材を使って先に進ませることももちろん可能ですが、何か応用的な課題に取り組ませる、自分がやりたいと思っていたプロジェクトに取り組ませる、ほかの子に教えて自分の理解を確実なものにする、などの活動を促すことも可能です。ほかの子への支援は、社会性を育むことにつながります。

　また、どの子にも得意な分野や不得意な分野はあります。教員は、すべての子に対して得意な分野を見出すように留意し、どの子にもほかの子を助けるチャンスを作るように努力します。それがどの子にも自己肯定感を育みます。異年齢学級でどの子も3年間のうちに一度は年長の立場になるという状況は、ほかの子を何らかのかたちで「助けられる」チャンスを生み出します。

実践編（やってみよう）：イエナプランを教室・学校に取り入れるためのヒント

よい教材の条件

(Ad Boes, "Jenaplan Historie en acutualiteit" CPS 1990 p.45を参照)

1. 教えるときに2つ以上の目的や意味を持たない、すなわち、その教材を使ってどんなスキルや知識を学ばせるのかが明確にひとつに限られている
2. 子どもが喜んで活動に取り組みたいと思えるような外見や作りである
3. グループ・リーダーから短い説明を受けた後、子どもが、その教材をどのように使って勉強すればよいかがすぐに理解できる
4. 子どもが、自分で、自分の学習結果がうまくいったかどうかを確かめられる
5. 教材は、繰り返し練習することを促し、その教材が目指している達成目標を、子どもが達成できるところまで行えるように作られている
6. 教材は、ひとつのステップを終えると、次のステップにつながるように作られていて、何かひとつの課題が、全体からは独立しているのではなく、全体のなかの一部として関連づけられている
7. 教材は、正しい学習態度を養うように作られている
8. その教材を使って学習をしている子どもが、今、発達過程のどのような段階にあるかを、グループ・リーダーが観察によって確認できるように作られている

上にあげたのは、イエナプラン・スクールで使われる教材の条件です。

これから、イエナプランを導入する際には、何らかの教材を選択したり、自ら制作して、多様な教材群を教室に用意しなければなりません。既存の教科書や市販のドリル教材などももちろん考慮に入れることができます。その際に、上の条件を考慮しながら、標準的な水準の教材だけではなく、理解が困難だったり学習への動機づけが低かったりする子どものための追加教材、また、余力のある子どもたちが挑戦的な気持ちで取り組める教材を用意してください。

▶ カリキュラム・マネジメント

基本活動を多目的に
教職員チーム全体の協働と分担を

🌸 4つの基本活動を多目的に企画する

　これまでの学校は、時限ごとに教える科目が決まっていて、その科目のなかで教える内容も「どの単元」というふうに決まっていました。しかしイエナプラン・スクールには、科目別の時限はありません。4つの基本活動（対話・遊び・仕事・催し）で展開されます。そして、実はこれらの基本活動は、時限ごとに教科書を使って科目別に、しかも子どもをパッシブ（受け身）にして「教えられる」授業よりも、はるかにたくさんの教育目標を設定して、子どもたちをアクティブにして行われています。

　たとえばサークル対話は、コミュニケーション能力やプレゼンテーション能力、議論能力など国語での目標が含まれますし、他者を尊重して耳を傾け、自分の意見をはっきり述べるといったことはシチズンシップ（学習指導要領では道徳とされているものの一部）の授業とみなすこともできます。時事を取り上げて話し合うことで、現実の世界で起きているホンモノの題材をもとにした学びにもつながります。世界状況を学ぶことにもつながります。

　4つの基本活動をうまく展開できれば、仕事の時間だけではなく、対話・遊び・催しのなかで、新学習指導要領が求めている、プログラミング教育、外国語教育、道徳教育、言語能力（コミュニケーション能力）、伝統や文化に関する教育、主権者教育、消費者教育などを散りばめることはむずかしいことではありません。ですから、学習指導要領で指定されている科目ごとの必修時間を柔軟に組み合わせれば、学校独自のカリキュラムを作ることは可能です。

🌸 教職員チーム全体として協働・分担して準備に取り組む

　そのためには、学校にいる教職員チームが、学習指導要領で求められている力を、どの段階で、どの基本活動のなかで、どのようなアクティビティとして展開するかについて、知恵を出し合い、協働・分担して準備に取り組むことが不可欠となります。

　こうすることで、ファミリー・グループの枠組みのなかだけではなく、全校規模で行えることや、低学年グループや高学年グループなど横の関係を利用して、グループ・リーダーたちが一緒に活動をしたり、グループ・リーダーの得意・不得意を使って、ある時間帯にはひとつのファミリー・グループからほかのファミリー・グループに移動して、その教室のグループ・リーダーから指導を受けられるようにする、などの工夫もできます。

　たとえば、ブロックアワーのインストラクションを、グループ・リーダーごとに得意な科目を担当するように分担し、ひとつのファミリー・グループの先生が算数の指導をしているときに、もうひとつのファミリー・グループの先生は国語の指導をしている、とか、ひとつのファ

実践編（やってみよう）：イエナプランを教室・学校に取り入れるためのヒント

ミリー・グループでは3年生の内容を、もうひとつのファミリー・グループでは2年生の内容を、最後のファミリー・グループでは1年生の内容をというふうに分け、インストラクションの時間だけ、子どもたちがほかの教室に行って学ぶというやり方も可能になります。

基礎知識・基礎能力以外のスキルの計画案（例）

		協働学習で	サークル対話のテーマとして	遊びで	催しで	その他の企画の必要
基礎教科のなかでやらなければならない項目	国語のなかの議論力やコミュニケーション能力など	プレゼンテーションの準備	時事サークルや読書感想サークル	言葉ゲーム	さまざまな発表方法	クラス会議や生徒会、保護者を招いたパーティなど
	算数の応用力など	ものを測る、グラフを作る、など		数を使ったゲーム		
	外国語教育のなかで	外国語の情報源を探す	外国語サークルで、話したり聞いたりする	外国語の言葉ゲーム	外国語を取り入れて発表する、外国語の歌を歌う	外国人を招いてプレゼンをしてもらう外国人と会話をする機会を設ける　など
科目以外に学習指導要領が求めている課題	プログラミング教育	ワールドオリエンテーションのテーマに関するプログラミング				
	道徳教育・主権者教育	役割分担、協働（譲り合う、参加する、協力するなど）、学校内・地域・もっと広い社会で起きていることをテーマに取り上げてワールドオリエンテーションにする	他者の話に耳を傾ける、自分の意見をはっきり言う、教室のなかのルールを話し合いを通して決める、社会のなかでの行動の仕方について意見を交換し合う、など　学校内・地域・もっと広い社会での時事をテーマに意見交換をしたり、解決策を話し合う	譲り合う、コンフリクトを処理する、他者の感情を理解する	共感を育てる、自分の文化と他者の文化を尊重する、など	ディベート、模擬国会、模擬選挙など
	伝統や文化に関する教育	郷土の伝統や歴史、異文化の背景を持つ生徒の文化や伝統をテーマにワールドオリエンテーションをする	郷土の伝統や文化について地域の大人を招いて話をしてもらったり、異文化の背景を持つ生徒の文化や伝統について、その生徒や生徒の保護者に発表してもらい、質問する機会を設けたりする	郷土の伝統的な遊びを（地域の大人に来てもらって）やってみる、異文化の背景を持つ子どもに自分の文化の伝統的な遊びを教えてもらう	郷土の伝統や文化について調べて発表する、郷土の祭りに行ってみる・実際にやってみる、異文化の背景を持つ子どもたちに、自分の文化の伝統行事をやって見せてもらう・一緒に参加してみんなでやる	
	消費者教育	コマーシャルをテーマにしてワールドオリエンテーションをするスーパーマーケットやデパートなどに実際に行ってみる	お金について（収入を得ること、貯めること、使うこと）テーマにして話し合う	店をテーマに、販売や購入のロールプレイ（ままごと・人形劇など）をする	家にある不用品を集めたり、子どもが作ったもの、保護者と一緒に作るお菓子などで、保護者を招いてチャリティ・バザーを開いたりする	

この表に示したのは、80頁で、①ブロックアワーのなかで学ばせるものと、②それ以外のものに分類したときに、②に含まれた課題を、ブロックアワーの時間以外でどう展開するかの例です。これは、あくまでも案に過ぎませんし、学習指導要領の全体を網羅しているものでもありません。実際には、担当している学年グループのレベル、そこで学習指導要領で求められている力をリストアップし、上の表に倣って、どのような方法が考えられるかを、もっと具体的に考察し、年間計画のなかに含めて行うとよいと思います。ここにもあるように、遊びの時間に使うゲームも、このような観点から選択的に用意しておくことが望ましいです。

ただし、大切なのは、すべてを教員の企画で埋めてしまわずに、子どもたちの側から偶発的に生まれる話題やテーマ、子どもたちの創造的なアイデアが取り上げられるゆとりや融通性をカリキュラムに含めておくようにしましょう。つまり、クローズドの計画のほかに、オープンの計画（子どもが中身をデザインできるゆとりのある計画）を持つこと、また、計画していたテーマを子どもの方から立ち上がってきたアイデアに置き換える可能性を残しておくことです。

> ▶ カリキュラム・マネジメント

フィードバックと記録

🍎 フィードバックはブロックアワーの間と放課後に

　ブロックアワーで行われる基礎知識や基礎能力についての学習は、教材そのものが、子どもが自分で答え合わせをしてうまくできたかどうかを確認できる仕組みになっていることが大切であることは前に述べました。つまり、子どもたちが自分でやった課題を自分で見て、うまくできていれば次に進み、うまくできていなければ周りの子どもやグループ・リーダーに自分で質問をしに行くという態度を養えるようにしておくのです。この習慣ができるまでには、しばらく時間をかける必要がありますし、グループ・リーダーによる支援も必要です。

　グループ・リーダーは、インストラクションのときの様子やそれまでの経過から、それぞれの子どもの、どの分野での学びに支援しなければならないかを把握していますから、それに基づいて、ブロックアワーで自立的に学んでいる子どもたちの間を巡回する際に、必要なフィードバックを与えていきます。

　また、子どもたちは、その日に行った課題を計画表と一緒にファイルの後ろに入れて学校に残していきます。グループ・リーダーは、放課後毎日、どの子も自分で自立的に課題を終えることができているか、そうでない子は誰かをチェックします。

　もちろん、デジタル教材での学習成果は、デジタルデータとしてグループ・リーダーのコンピュータ上ですぐに確認できます。

　このようにしておいて、毎週金曜日には、一人ひとりの子の１週間の学びについて、その子

実践編（やってみよう）：イエナプランを教室・学校に取り入れるためのヒント

の計画表のなかに設けられた欄にコメントを残します。必要に応じてその子を身近に呼び、学習がうまく進んでいるかを聞いたり、困っていることがあればアドバイスをしたりします。

● 個別の記録を簡単に入力でき同僚と共有できる仕組みを

　また、ブロックアワーでフィードバックをしている間、または、子どもたちの遊びの時間などを利用して、生徒たちの毎週の進度を記録しておきます。この記録は、コンピュータ上で同僚と共有できるようにしておきます。こうしておけば、インストラクションを同僚と分担したり、チーム・ティーチングをしたり、同じファミリー・グループの生徒たちを二人のグループ・リーダーが担当するなどの際に問題が起きないからです。

　また、この記録があれば次の課題が何かもすぐにわかりますし、次項で述べる評価や通知、保護者を伴った懇談の際の重要な資料になります。

　こうした記録の一覧表は、オランダでは多くの場合、教育サポート機関や教材会社が使いやすいアプリケーションを作って教員に提供していますが、学校で自校用の独自のプログラムを作成して使っている場合もあります。

　科目ごとに３つのグループ（標準的なレベルの子、それよりも先に進んでいる子、支援が必要な子）に分け、それに色をつけるなどして一目瞭然にしたものを画面で一度に確認できるようにしておけば、課題を出すうえでも、教え方を工夫するうえでも、特別支援のために外部から専門家に来てもらったり保護者の協力を得たりするうえでもたいへん便利です。

▶ 評価・通知・懇談

評価と通知

● 教育の中身は評価で決まる

　教育の中身をどう企画し、子どもたちが何を学ぶかは、その教育の評価が何について行われているかによって決まります。つまり、評価基準が、点数評価できる教科・科目に著しく偏っていれば、教育の内容もそこで評価される教科・科目ばかりに重点が置かれることになるのです。

　日本の学校は、そして進学を決める入学試験は、長い間、点数評価できる内容に限られてきました。最近それが少しずつ変わってきてはいます。しかし、点数評価は、他者との比較で甲乙をつけたり、自分の過去の成績と比較したりしやすいため、どうしてもそれに偏り、点数評価をしにくい力、たとえば本書の理論編で述べた「７つのエッセンス」などの力（28頁）は、大切だという教育学者はたくさんいるにもかかわらず、実際には評価のなかに反映されないために、結果として軽視される、という傾向があります。

● 点数評価をやめて文章評価に

　そういう理由で、イエナプラン・スクールでは、学校での学びを点数評価にせず、文章で評価することにしています。文章で評価するのであれば、いわゆる認知的能力と呼ばれる学力だけではなく、非認知的能力すなわち社会性や情緒のコントロール、協働する力や創造する力、コミュニケーション能力やリーダーシップなど、人間の子どもとしての全人的な発達を促す評価ができるからです。

● ほかの子どもとの比較でなく、前の時期の自分との比較（「20の原則」の19）

　また、子どもの行動や学習成果の評価は、ほかの子どもとの比較でではなく、その子の前の時期と比較して、どこが伸び、どこがむずかしいかと評価します。

　これは、「20の原則」（22頁）の第19番目でも表明されている原則です。

● 伸びたところを褒め、むずかしいところにアドバイスを

　右のページにあげているのは、オランダのあるイエナプラン・スクールの通知表の写真とその日本語訳です。これを見るとわかりますが、伸びたところについて必ず「ほめ言葉」を記入しています。そして、伸び悩んでいるところについては「アドバイス」を与えることで、自覚と改善を促します。

　伝統的な学校では、とかく「できていること」にはコメントを加えず、「できない」ところを見つけて指摘するという文化がありました。これは、人間の子どもを「不良品」と捉え、その不良部分を改善していこうという態度です。しかし実際には、大人も振り返ってみればわかることですが、人が伸びるのは「褒められて気持ちがよくなり、自信がついたとき」なのです。「ダ

実践編（やってみよう）：イエナプランを教室・学校に取り入れるためのヒント

メだ」「できない」と言われて発達が促されることはほとんどありません。

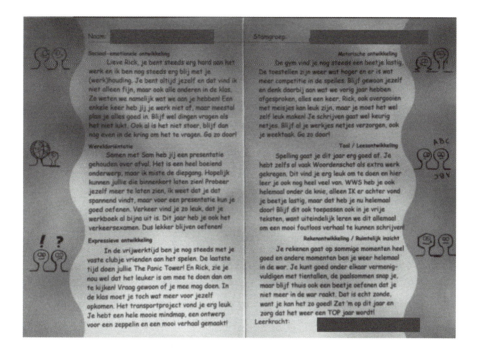

社会・情動性の発達
リック、あなたがこれまでよりももっと一生懸命勉強しているのを嬉しく思っています。あなたがいつも自分らしくしているのを私ばかりでなくグループの他の子も気持ちよく感じていると思います。そのおかげで、あなたが今どんな気持ちなのかもよくわかりますから。今学期は何回か予定通りに課題を終えられなかったけど、ほとんどの場合はうまくいっていますね。うまくいかない時には人に助けを求めるようにね。助けてもらうのはかっこよくないかもしれないけど、サークルの時に他の人に頼るようにしましょう。あとは特に言うことなし！

ワールドオリエンテーション
サムと一緒にゴミについてのプレゼンをしましたね。とても興味深いテーマだったけど、もう少し深く掘り下げているといいと思いました。きっと次の機会にはもっと深い探究が見られることと思います。あなたらしいところをもっと他の人に見せてもいいのではないかな。プレゼンではとても緊張するようなので、もっと練習をしてからやるといいですね。「交通」のテーマは好きなテーマなようでワークブックもほとんど終わっています。今年は「交通規則」のテストもあるので、しっかり練習をしていてくださいね。

表現力の発達
自由ワークの時間に、あなたはいつも決まった友達と遊んでいますね。一番最近では、あなたたちは「パニック・タワー」で遊んでいました。リック、やっぱり外から見ているよりもみんなと一緒にやるほうが楽しいでしょう？ 教室の中でも、もっと自分から進んで自分の考えを言うといいと思います。運輸プロジェクトはとても気に入っていたようね。とても素晴らしいマインドマップを作っていたし、ゼッペリンの工作も素晴らしかった。それにとてもいいストーリーも作っていたと思います。

運動能力の発達
体育はまだ少し苦手のようですね。運動器具がまた少し高すぎたようでした。また、ゲームの時も少し競争的になりすぎていたようにも思います。いつもあなたらしく、そして、去年約束していたことも忘れないでください。女の子たちにボールを投げるのは面白いかもしれないけど、自分でも、女の子たちを楽しくさせるためにするのだということを忘れないで。文字を書くのは、とても綺麗で丁寧にできると思います。自分の課題は綺麗にやるようにしましょうね。週の課題についても。今の調子で頑張って。

言語と読みの発達
スペリングについては今年はとてもうまくいっています。「語彙」の課題では自分でも追加課題をしていますね。とても楽しそうにやっているし、とってもたくさん学べています。WWS（語彙のワークブック）は全く問題なくやれているし、IK（国語のワークブック）の方は少し難しそうだったけど、今は全く問題なしのようですね。自由作文も難しそうだけど、IKと同じように頑張ってみるといいですね。これも、綺麗で間違いのないストーリーを書けるようになるための練習なのでね。

算数の力と空間についての理解
算数は、ある時は全く問題ないのだけど、ある時は全然わからなくなってしまうことがあります。二桁の掛け算やたくさんの数の合計計算はちゃんと理解できているので、わからないように練習を続けていきましょう。落ち着いてやればできるのに、間違えるのはとても残念なので。今年もしっかり頑張って、また、最高の年になるようにしようね！

089

▶ 評価・通知・懇談

ポートフォリオ

🌸 子どもの自己評価（振り返り、挑戦する目標を決める）

　オランダのイエナプラン・スクールでは、子どもたちは、一人ひとりポートフォリオと呼ばれるファイルを持っています。そこに、定期的（2週間に1回など）に、その期間に自分が成し遂げた仕事（学習成果）のうち、自分が誇りに思えるものを綴じ込んでいきます。

　それは、基礎知識や基礎能力を学んだ成果の記録でもありますが、レゴや積み木ですばらしい作品を作ったとか、自分で満足できた絵が描けたとか、よい詩・よい作文が書けたとか、ワールドオリエンテーションで発表がうまくできたなど、点数評価にならない仕事の結果など、自分が満足のいく仕事ができたことを振り返って綴じ込むものです。ファイルに綴じることのできるような、紙の上での成果でない場合には、グループ・リーダーが写真を撮ってそれを印刷して綴じます。

　子どもが自分で選んだ一つひとつの学習成果については、グループ・リーダーと隣り合わせになって座り、①なぜそれを選んだのか、②何がうまくできたと思うか、③次にやるときにはどんなことに挑戦したいか、を話し合い、自分のコメントとして書き込んでいきます。まだ字や文章が書けない小さな子どもには、グループ・リーダーが子どもの言葉を文章にして書き込んでおきます。

　ポートフォリオは、タブで仕切られており、それぞれのタブには、社会性・情動性の発達、ワールドオリエンテーション、表現力、運動能力、言語と読み、算数や空間の力というように、作品を分けて記録できます。ですから、タブごとの作品の数を見るだけで、子どもはこのタブの部分をもっと増やしたいというように、苦手な部分に挑戦していくチャンスにもなります。

🌸 通年での記録

　このポートフォリオは、オランダでは、4歳で入学したときから12歳で卒業するときまで、ずっと継続して記録していくものです。子どもたちは、それを開くたびに、自分の成長の跡を確認できます。

🌸 通知表と一緒に保護者に

　またポートフォリオは、毎学期の終わり、保護者を招いて行われる懇談会の前に、89頁の通知表と一緒に自宅に持って帰ります。保護者は、通知表だけでは抽象的でわからないことも、ポートフォリオを見ることで、今、自分の子どもはどんなことができるようになったのかが一目瞭然となるのです。

　現在では、ポートフォリオも徐々にデジタル化され、子どもたちの作品の写真を撮ってコンピュータで記録する学校も増え始めています。保護者はパスワードを入力して、いつでもネット上で自分の子どもの発達記録にアクセスできるようになっています。

実践編（やってみよう）：イエナプランを教室・学校に取り入れるためのヒント

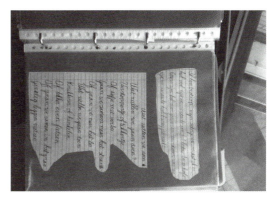
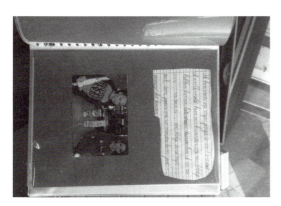

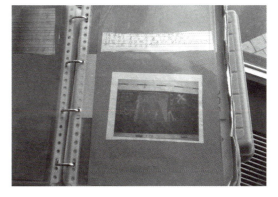

▶ 評価・通知・懇談

学習者主体の懇談会

🍡 子どもを学びの当事者として尊重した懇談会

　伝統的な学校では、懇談会といえば、なかにはわざわざ「保護者懇談会」と言い換えるほど、教員と保護者が子どもの学力発達について（子どもは抜きで）話し合うというものだったと思います。懇談会がある日は、子どもは「（自分について）どんな話をするんだろう」と気になり、懇談会から帰ってくる親の表情や様子が気になっていたものです。

　しかし、イエナプラン・スクールでは、そして現在のオランダの小・中・高校ではほとんどすべて、懇談会とは、子どもが学びの当事者として主人公になり、その学びを支援しているファシリテーターとしての教員が、前の懇談会からそれまでの期間について学習成果を振り返り、アドバイスをするというかたちで進められます。保護者は、それをそばで聞いて見守る立場です。

🍡 教員と子どもとの約束を保護者がそばで聞いている

　そのため座り方も、右のページに示しているように、グループ・リーダーと子どもが真正面で向き合って座り、そのやりとりを保護者が横から見ているというかたちになります。

　懇談会をこのようなかたちにするだけでも、子どもには、親が言うから勉強しているのではなく、自分が自分の成長のために勉強をするのだという自覚が育ち、学びの当事者として、努力して自分の不得意な分野を伸ばしていこうとしたり、学校が求めているものよりももっと何

懇談会での座り方

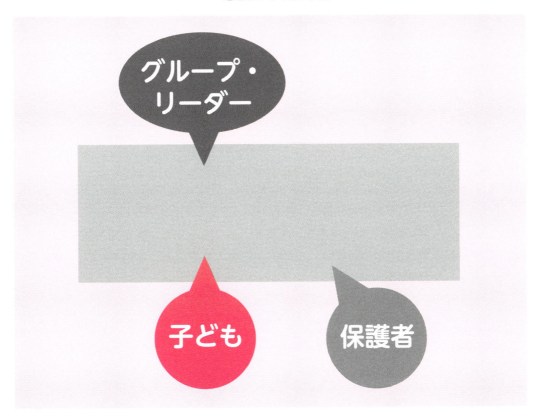

か大きな課題に挑戦したいと考えたり、進路について真剣に考えたりするようになります。

また、自分自身の成長のために、ファシリテーターである教員に自分から助けを求めたり、保護者の理解や協力を得ようとしたりできるようになるのです。

●グループ・リーダーと保護者の役割を明確に

子どもが学びの当事者として自覚し始めると、グループ・リーダーと保護者の役割も明確になってきます。

グループ・リーダーは、子どもが「伸びたい」「改善したい」という欲求を持つことで、この欲求を満たすためには、どこをどう支援したらよいかと考えるようになります。

保護者は、子どもの願いを知り、それに協力して教育学的な支援をしているグループ・リーダーに対して、家庭で何ができるかと考えるようになります。また、家庭での様子をグループ・リーダーと共有し、改善の余地がないかをお互いに話し合うことができます。

懇談会の時期になると、通知表とポートフォリオを家に持ち帰ることは前に述べましたが、その際、懇談会の招待状も一緒に持って帰ります。そこには、グループ・リーダーがとくに話し合いたいテーマが書かれていますが、さらに子ども自身が話し合いたいこと、保護者が話し合いたいことを書く欄があり、それをもとに懇談会を進めます。

▶評価・通知・懇談

基礎学力の発達モニター

●客観的な発達記録

　1990年台半ばから、オランダでは、子どもたちの認知的能力（数量化して測定できる基礎学力）の発達状況を、国が認めた何らかの客観的な指標で示すことが学校に義務づけられるようになりました。

　これについては、イエナプランをはじめ点数評価に批判的な多くのオルタナティブ教育関係者は反対しました。先に述べたように、評価を点数で示せるものを強調することで、学校教育そのものの内容がそこに照準を合わせて行われるようになることを危惧したためです。

　しかし、進学を入学試験で決めないオランダでは、どの進路に進むかを決める際に、学校の教員たちの助言が大きくものを言います。その際、教員の恣意によってではなく、経年にわたる発達記録という客観的なデータは、子どもにとっても保護者にとっても説得的です。

　同時に、学校教育を監督している教育監督局という第三者評価機関がありますが、2000年代の初めに、新しい教育監督法が制定され、そこでは単に学力成果だけではなく、学校の雰囲気や子どもたちの学校生活に対する満足度、教員と子どもの関係、保護者と教員の関係などについても評価することが決まり、学力発達の客観評価をこのようなさまざまな評価指標の一部として受け入れる雰囲気が広がりました。その結果、オルタナティブスクールでも、認知的能力に関しては数値化された何らかのモニター制度を取り入れることが普通になってきました。

●CITOによる生徒発達モニター・システム（LVS）

　CITOというテスト専門会社（もとは公的機関だったのが民営化された）が実施している「生徒発達モニター・システム（LVS）」は、なかでも全体の9割近くの学校が採用している最もよく知られたシステムです。

「生徒発達モニター・システム」は、小学校に入学したときから半年ごとに受けるテストで、読み・書き・算数の力を継続してモニターするものです。読みは、スペリングどおりに正しく発音できるかというものと、長い文章を読んでそれを理解しているかというものの両方が含まれます。算数は、足し算・引き算・掛け算・割り算・その応用というように、学校で学ぶ順に従ってテストで力を測ります。かつては筆記方式のテストでしたが、現在はコンピュータ上でもテストを受けられます。

　このテストの特徴は、満点がないことです。その子のレベルがどの程度かを測るもので、今どういうことができていて、どういうことができないかがわかるようになっています。つまり、半年ごとのテストを継続して比べ、折れ線グラフで自分の発達を見ることができるのです。これは、イエナプランの「20の原則」の19とも合致しており、他者との比較ではなく、半年前、1年前の自分の学力と今の自分の学力を比較することができ、どの分野でどのくらい伸びたか、

実践編（やってみよう）：イエナプランを教室・学校に取り入れるためのヒント

どの分野で伸びが芳しくないかが一目でわかるようになっています。

とくに大切なのは、テストの実施後、短期間で結果がグラフになって送られてくるので、それをもとにして、懇談会で伸びの芳しくない部分についての対策を、グループ・リーダーと子どもとの間で相談できるという利点があることです。

日本の学力調査のように、学校間で平均点を比較して競争するものではありません。そうではなく、子ども自身が自分の発達経過を自分で把握し、次のターゲットを決めていくためのツールです。

全国統一学力調査は、日本だけではなく、多くの国で行われていますが、使い方を誤ると、子どもたちにとってよくない結果を招くことはよく知られています。たとえば、アメリカの「落ちこぼれ防止法（No Child Left Behind Act）」はその代表的なもので、元来の目的はともかく、生徒集団の平均点によって学校間競争や地域間競争を促すため、教員たちには平均点を上げるという圧力がかかり、授業時間の多くを「テスト練習」に費やして、基礎学力を応用する練習や、社会性や情動性の発達を軽視する結果になることが知られています。実際、テスト当日に、学力の遅れている子を欠席させ、生徒のテストの回答の改ざんすることまで起きたと言われています。

また、学力テストは、数値化できる能力だけを測るため、数値化できない能力、たとえば、前述のマルチプル・インテリジェンスの、人間関係スマート、自然スマート、内省スマートといった能力への、教員らの関心が低下します。

オランダの生徒発達モニター・システムは、個別の子どもと教員へのフィードバックのためのものです。使い方を誤らないようにすれば、強力なフィードバックのツールとなります。

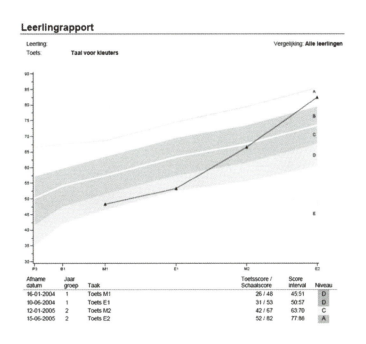

▶ 学びのオーナーシップ（当事者意識）

動きと選択の自由が責任意識を生む

● ファミリー・グループは真に家庭のような場所

　ペーターセンは、ファミリー・グループの教室を「リビングルームとしての教室」と考えました。それは、ファミリー（家族）のように信頼関係にある仲間としての子どもたちが、生きて学ぶ空間そのものです。

　家庭にいる私たちは、どこかにじっとしていなければならないと制約し合うことはありません。自分たちの空間を自分たちの責任で自由に使っています。

　イエナプラン・スクールでもそれは同じで、ファミリー・グループのリビングルームとしての教室で子どもたちは自由に動きます。学習に必要な教材、遊びの時間のゲームなどを、自分たちで自主的に取りに行き、自分で元に戻します。トイレに行く必要があればそうしますし、廊下や踊り場で勉強したければ、そこに行って勉強します。

　唯一の制限は、ほかの仲間の迷惑にならないようにする、ということです。

● 動きや選択の自由のないところで責任は問えない

　実際、子どもたちに責任意識を持たせたいのであれば、自由を認める必要があります。自由がなくただ縛られるだけであれば、子どもたちはその縛りを解こうとして暴れ、責任を持つこともありません。同じことは、実は大人たち、また教員たちにも言えることで、大人も教員も、がんじがらめに縛られて、何かを試みてみることも失敗をすることも許されない状態であれば、自分の行動に責任を持とうという意識は消え失せてしまいます。学校を責任ある組織にするには、まず教員たちに失敗の自由を認め、自らそれを通して学ぶ機会を持たせることです。

● 子どもを信頼して任せる

　子どもたちは、大人から「信頼されている」「任されている」と実感できるときに、自分でも細心の注意を払って責任を持って行動しようとします。もちろん成長期の子どもたちは、経験も大人より乏しいですし、さまざまな能力も未熟です。だから失敗をします。大切なのは、そ

動きの自由

　本当の意味での動きの自由だ！　すなわち、子どもたちは教室内を、それどころか、学校内を自由に動く。どの子も、完全に出たり入ったりする自由を持っているし、そういう自分の自由についてグループの子どもたちに対して責任を持っている。動くことは、成長の過程にある子どもの身体にとっては食べ物と同じであり、それをさえぎることは、子どもの健康を害することにほかならない。

ペーター・ペーターセン『小さなイエナプラン』より

ういう失敗をしたときに、それを乗り越えられるように励ます大人がそこにいることです。問題が起きたときには、急な危険がある場合以外は、ただちに禁止するのではなく、子どもたち同士の話し合いを通して、納得のいく約束事を決めるようにしましょう。

🍡 子どもとグループ・リーダーの関係・バランス

ここにグループ・リーダーの役割が見えてきます。

右の図は、オランダのイエナプラン教育の教員たちが、いつも念頭に置いているものです。すなわち、子どもの年齢が上がり発達が進んでいくのに合わせて、子ども（たち）が自分で決める範囲を徐々に増やしていくという考え方です。

具体的には、4歳で入学してきたときには、まずクラスのなかのその日の役割を選んだり、学習の際にどのコーナーに行って学ぶかを決めたりします。そして6歳になると、1週間の学習計画を自分の選択で決めるようになります。やがて10、11、12歳ぐらいになると、サークル対話を自分たちだけで進行できるようになりますし、発表会や演劇、保護者を招いたパーティなども、グループ・リーダーにときどき相談をするだけで、自分たちで企画・運営できるようになります。

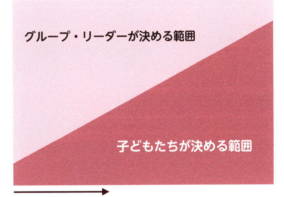

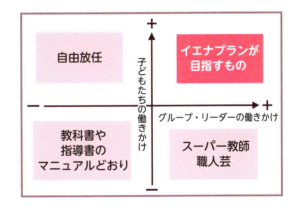

本来学校とは、このようにして子どもたちの自立を徐々に助けながら、卒業のときには自分の力で世の中に出ていけるように準備をしてやらねばならないはずなのです。規則で縛りつけていても子どもたちはけっして自立できるようになりません。

しかし、イエナプランは「自由放任」ではありません（下の図の左上）。グループ・リーダーの役割は、成長途上の子どもたちの未熟な部分を踏まえつつ、「子どもたちにとって何が最善か」を常に考えアドバイスすることです。「自分にとって都合がよいのは何か」ではありません。

そのために教員は、教科書や指導書などのマニュアルに縛られる（左下）のではなく、常に目の前の子どもたちの様子をよく観察していなければなりませんし、子どもたちを観客にして自分がスターになる（右下）ような教師であってもいけません。

▶ 学びのオーナーシップ（当事者意識）

子どもたちによる自治

🍡 クラス会議

　前に協働についての箇所（61頁）でも触れましたが、オランダのイエナプラン・スクールでは、ファミリー・グループごとに、定期的にクラスボックスを使ったクラス会議を開くことを推進しています。クラスボックスは、もともとフレネ教育からの影響です。

　クラスボックスには、①誰かへの褒め言葉、②誰かへの質問、③不平・不満を願望に置き換えた言葉を、色の異なる紙に書いて貼っておく場所があります。また、引き出しに（本物の！）お金も入れてあります。これらをもとに定期的にクラス会議を開きます。

　クラス会議は、ファミリー・グループが、民主的で自治的なグループになるための練習の場です。61頁で述べたように、一人ひとりの子どもたちが、自分の責任で自由に行動しているのと同時に、共同体もまた、そうした自立的な子どもたちが、お互いを尊重し合いながら、自分たちのグループを過ごしやすいものとするべく、参加的にかかわる場所でなければならないからです。

　お互いに褒め合ったり、単に不平や不満を述べるのではなく願望として皆と共有するのは、子どもたちが、ファミリー・グループを、自分自身そこに参加している当事者として受け止め、ファミリー・グループが過ごしやすいものになるようにするためです。誰もが不快感を感じず、静かで落ち着いて過ごせる環境づくりに、子どもたち自身を参加させましょう。

　お金も、使い道は皆で全員が納得のいくかたちで使うように話し合って決めます。不足すれば、どうやって自分たちの力で増やせるかを話し合い実行します。

🍡 生徒会

　同じように、全校規模の自治には「生徒会」があります。日本の学校によくある、人気の上級生が生徒会長になり、各種の委員会が設けられて集まって話し合うという組織ではありません。

　イエナプラン・スクールの生徒会には、すべてのファミリー・グループの代表が、平等の立場で参加します。つまり、4〜6歳児のグループからも、6〜9歳児のグループからも、9〜12歳児のグループからも代表が送られ、平等な関係で、学校内の問題を話し合います。年齢による序列をつけないのは、年齢が上であるというだけで、権力を持つことがないためです。

　生徒会の議長には、上級生がなります。上級生は、それまでの学校生活を通して、年少者・年中者・年長者の立場を何度も経験したことがあり、本当の意味でのリーダーシップ、すなわちグループ全体に気を配ることを学んできているからです。

　クラス会議でも生徒会でも、グループ・リーダーは、オブザーバーとしてその場にいますが、話の流れが主題から逸れる、話し合いが何かの理由で行き詰まる、などがなければ、可能な限り助言を控えて、子どもたちの自治を見守ります。

グループの法（『小さなイエナプラン』より）

　教室は子どもたちの「自由」に任されているが、それが、単に勝手気ままに使ってよいと理解されるのであれば、それは「見せかけの自由」に過ぎない。この自由は、「グループの法」から制約を受ける。つまり、教室では、皆が一緒に望んでいることや、学校における共同生活と仕事とが秩序立って行われること、またその教室にいるすべての人にとって不快でなく美しい状態が維持されていることだ。これについては、よく薄っぺらな考えで当然と思われているのとは異なり、この法は、グループのすべての人、つまり教員に対してさえも適用されることを忘れてはならない。そこで、自由を制約するものとは次のものである。

a）すべての仲間が持つ同じ権利と義務
b）空間上の制約や、そのために起きるさまざまなかたちでお互いの配慮をしなければならないということからくる義務
c）仕事（学習）のツールの数からくる制約、たとえば全員が同時に黒板を使えないとか、同じ教材を使えない、何らかの本や顕微鏡などを使えないといったこと。

人間的な関与を維持し守る（『小さなイエナプラン』の記載の要約）

　ペーターセンは、学校が共同体として、健全なかたちで子どもたちを養育する人間的な場にするための原則として次のことをあげています。

a）**対話**：あらゆることにおいてオープンであること、何でも話し合えること
b）**すべての子どもに認められる平等な権利**：どの子の言葉にも耳が傾けられ、自由に意見を述べることができること（それを制限するのは他者の権利が侵害されるときのみ）
c）すべての事柄はファミリー・グループで解決するようにし、それができないときには、学校共同体全体で解決に当たること。その際、教員が、仲間である子どもたちをどう待遇するかが非常に重要で、**共同体のすべての成員が、自分を「自由を保障されたもの」と感じられること**が大切
d）**忠告（注意）は厳しくしない**。申し合わせておいたサインのようなものは、使い古され効果がなくなるので変えたほうがいい。指を口に当てる、手をあげる、何かの目印をあげる、小さな音のなるものを使うなどを時々変えて使うのがよい。避けるべきなのは言葉を使った忠告だ！　言葉による忠告は、反抗的な言葉を刺激し効果がない。沈黙して、言葉を使わずに理解し合う方が何百倍も効果的だ。言葉によってではなく、何よりも自らの行為によって生徒たちに学ばせるようにすべきだということを、教員は心に刻んでおくべきだ。**忠告（注意）は、言葉と行為において、簡潔で、力強く明確である**ことが重要
e）**内面生活への配慮**：すべての子の誕生日やいろいろな行事を準備し、教室を居心地よく飾り、子どもたち同士また子どもと大人である教員とがシンプルで温かく関わり合うこと、時々、母親や父親が教室に来て子どものそばに座っていたり、何かの作業を手伝ったりすることなどは、子どもたちと保護者の心を捉え、和ませるとても大切な手段

▶ 主体的で対話的な学校環境

リビングルームとしての教室

🌸 リビングルームとしての空間

　ペーターセンがイエナ大学の実験校で最初にしたのは、教室の床に釘で打ちつけられていた生徒用の机を取りはずしたことでした。それぞれ教室のなかにたったひとつの席しかなく、しかも自分の使いやすいように動かすこともできない、固定され縛りつけられる空間は、人間の子どもが人間らしく成長する場ではない、と考えたのでしょう。

　ペーターセンは、子どもには決まった席は必要なく、そのときどきの活動や一緒に学習する仲間と、そのときに最もふさわしい場所を選べばいいと考えていたようです。

🌸 ファミリー・グループのアイデンティティ

　また、教室には、固定された席の代わりに、4、5人ずつのグループで座れるテーブルがいくつか置かれました。そして、そのテーブルには生花が活けられていました。まさしく、家庭の「居間」のような心地よく安心していられ、しかも必要に応じて自由に動ける空間を設けたのです。壁は、可能な限り黒板で覆われ、子どもたちは、お互いに何か説明し合ったり教えたりするのに、その黒板を使うことができました。

　今から100年も前のことです。なんと斬新だったことでしょう。

　オランダのイエナプラン・スクールでも、リビングルームとしての教室の考え方は踏襲されています。また、子どもたちがそれぞれ、自分が属しているグループにアイデンティティを感じられるように、各ファミリー・グループには、シンボルになる動物や大陸などの名前がついており、教室のなかの飾りもそのシンボルに沿って、子どもたちの意見を取り入れながら決めていきます。

🌸 いくつかの基本要素

　教室の形や置かれている調度品は、学校によって異なりますし、それがまた学校のアイデンティティにもなっていますが、いくつかの基本的な要素はあります。それは、右ページのようなものです。形にとらわれる必要はありませんが、参考にしてください。

・いつでもすぐに全員がサークルになって座れる場を確保しておくこと
・4～6人ずつの子どもが座るテーブル（テーブル・グループ）
・（何か大きな紙を広げたり工作したりするときなどに使う）作業用テーブル
・グループ・リーダーの事務机と書類を保管する棚
・教材を子どもたちが自分で自由に取り出し、また片づけられる場所
・リラックスして座れる場所
・一人で静かになれる場所（ロフト、廊下、教室の隅など）

実践編（やってみよう）：イエナプランを教室・学校に取り入れるためのヒント

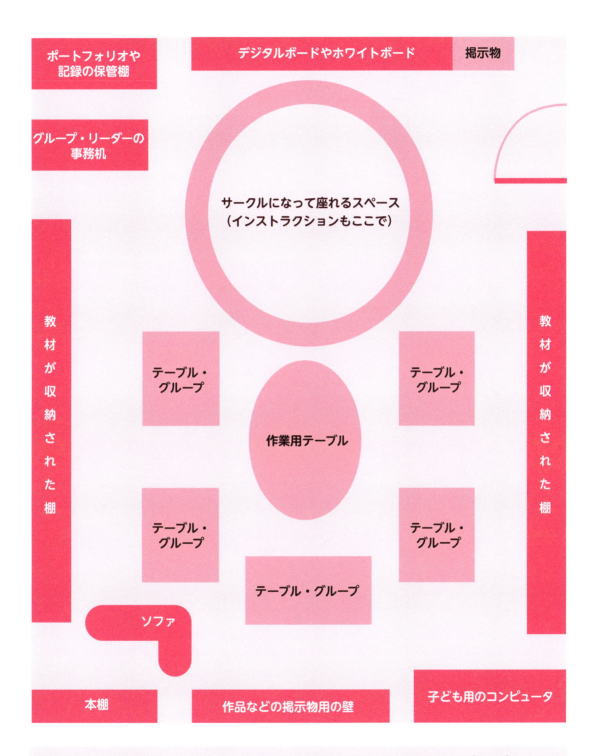

絶対的な意味で"固定された"席はない。席は、自由に選択されるか、その瞬間瞬間のグループワークとそれが生み出す集団内の力学によって決定される。

ペーター・ペーターセン『小さなイエナプラン』より

▶ 主体的で対話的な学校環境

教室の外のスペース（校舎）

● 廊下や踊り場を見直す

　伝統的な学校は、子どもたちは教室のなかで勉強しているもの、廊下は単なる通路という考え方でした。しかし、イエナプラン・スクールは、教室のなかで自由に動けるだけではなく、教室の前の廊下や踊り場も、学びの場の一部として見直しています。そして、新築のときや最近新しく校舎を建て替えるときには、廊下が混み合う通路にならないように、つとめて各教室に直接外に出られる出入り口が作られています。

　廊下や踊り場は、子どもたちの出会いの場になります。隣同士のファミリー・グループの子が出会ったり、一緒に遊んだりできます。同学年グループではなく、異なる学年グループのファミリー・グループを隣同士に並べて、下級生と上級生が出会う場を生み出すこともできます。

　また、廊下や踊り場に、何かの遊びのコーナー、コンピュータが使える場所、一人で学べる机、ワールドオリエンテーションのテーマに関するものを展示するコーナーなども置かれています。

● 全校の子どもが集まれる場所

　講堂のように、全校の子どもが集まれる場所も重要です。ステージは必ずしも高くする必要はなく、ローマ時代の野外劇場のように、（半）円形のすり鉢型にし、ステージを下に、階段状の席から見下ろす形に作る場合も多いです。その方が、ステージに立つ教員や生徒たちとの一体感が強くなります。

　イエナプラン・スクールは催しを大切にします。催しは、学校関係者が共同体としての感情を持つ機会です。子ども・教職員・保護者が全員気軽にすぐに集まれる場所があるのが望ましいです。

● スクール・カフェ

　ヒュバート・ウィンタースは、レオワルデンの小学校の校長時代、自校の校舎の改築にかかわり、そこで、さまざまなアイデアを校舎のなかに実現しています。なかでもスクール・カフェのアイデアは、その後オランダの国内の多くの小学校で取り入れられるようになりました。

　スクール・カフェとは、まさしく学校のなかにある「カフェ（喫茶店）」のことです。もちろん、商売で喫茶店をやっているわけではありません。そうではなく、保護者がコーヒーや紅茶を飲みながらグループ・リーダーと相談できる場です。そのために、本物のカフェのように、心地よいテーブルと椅子、明るすぎない照明、壁には絵をかけ、生花を活けた花瓶や観葉植物などを置いています。学校に協力活動にやってきた保護者や地域の人たちも、そこでゆっくり話ができます。こうした場は、学校が保護者や地域に対して開放的であることのシンボルともなります。

実践編（やってみよう）：イエナプランを教室・学校に取り入れるためのヒント

🔴 マルチプル・インテリジェンスのアイデアが活かされた空間

　また、ネイメーヘンのあるイエナプラン・スクールでは、講堂を「学習広場」と名づけ、その各隅や、少し離れた場所に各種のコーナーを作り、すべての子どもが週に1回、ここで自分の好きなコーナーに行って学べるように時間割を組んでいます。その時間帯には、縦割りで4〜12歳までの子どもたちが一緒に学びます。コーナーごとのデザインは、学校の教職員が、それぞれ自分の関心のあるコーナーに分かれ、何をそこに置いておくかを決めました。

　それは、ほぼ下に表したようなものです。

　1週間に一度、低学年グループ、中学年グループ、高学年グループがひとクラスずつ縦割りでこの学習広場に集まり、皆でサークルを開いて、指導者が何かのテーマを提供し、皆で話し合います。

　その後、それぞれ自分の行きたい場所に行ってほかのファミリー・グループの大きな子や小さな子と一緒に活動に取り組みます。

　これは、言ってみれば小さなクラブ活動のようなもので、ペーターセンがイエナ大学の実験校で「選択クラス」という時間を設けて実施していたものに似ています。

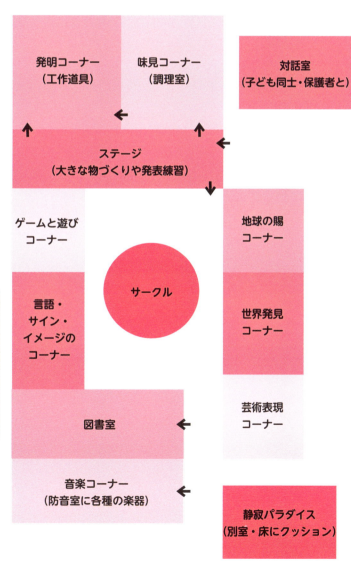

イエナプラン・スクールが理想とする学習環境

1. 子どもが何かをしたくなるように挑みかけられる教室。そのために、観察テーブル、発見コーナー、発見箱、扉のないオープンな棚に置かれた道具、遊びの道具が置かれている。
2. 子どもが自分で道具を取り出し、元に戻せる。子どもにもわかるはっきりとした整理の仕方。指導と練習を通して取り出したり元に戻したりすることが習慣になるように。
3. 子どもたちの世話が行き届いた植物がたくさんあり、タネから育てた植物もある。
4. 子どもの数よりも多くの数の場（椅子）が仕事（学習）のために用意されている。
5. 3～4人ずつ小グループで座れるテーブル・グループがある。
6. グループ・リーダーがインストラクションを与えるためのテーブルがある。
7. 簡単に（すぐに静かに）サークルになって座れる場所がある。
8. 子どもたちが持ってきた綺麗なもの、特別なものを一時的に置いておく、誰にでもすぐ目に止まる場所がある。
9. ものや絵や本などを、トレイやカゴなどを使って（積み重ねてではなく、すぐに取り出せるように縦に並べて置いておく）小さな場所がある。
10. できるだけたくさんのものを展示する場所がある（縦のものとして掲示板、棚の背後、横のものとしてテーブルや棚）。
11. 同じ種類のものをお互いに揃えて整理しておける決まった場所がある。
12. ひとつ以上のボード（黒板・ホワイトボード・電子黒板）があり、子どもたちもそれを使って学べる。
13. 教室に、高さの違う場所がある（ロフトなど）。
14. 天井も使っている（方位を示す、太陽系を描くなど）。
15. 子どもたちは、普通の席だけではなく、ゆったりできるソファに座ったり床に座ったりできる。
16. 床でも作業ができる（小さなカーペットを使うなど）。
17. 要らないものを積み上げた、ごちゃごちゃした場所がない。
18. 窓やテラスに出られるドアなどを通して室外とのつながりがある。
19. 床は騒音の原因とならないように、敷物などで吸音されるようにできている。
20. 子どもたちが今どんなアクティビティに取り組み、どんなことに関心を持っているかがすぐに見てとれる。
21. どの教室（学校のリビングルーム）にも、その教室にいるファミリー・グループの子どもたちの生活や仕事を記録した日記や写真帳が置かれている。
22. ファミリー・グループは一つひとつ異なる。つまり、一つひとつの教室（学校のリビングルーム）は異なる顔を持っている。

実践編（やってみよう）：イエナプランを教室・学校に取り入れるためのヒント

▶ 主体的で対話的な学校環境

校庭

🌸 自然のなかで対話し、遊び、学び、催す

　校庭は、校舎のなかという屋内の人工的で限られた空間から子どもたちを解放する場所です。けれども同時に、学校の外の世界からは守られた、安全に活動できる場所でもあります。

　学校での活動を対話・遊び・仕事・催しという４つの基本活動で構成しているイエナプラン・スクールでは、校庭は、単に勉強の合間に仕事から解き放たれて出て行く場所ではなく、そこにも、対話・遊び・学び・催しができる仕掛けをしておきます。

🌸 グループで使う空間、個人で使う空間

　オランダのイエナプラン・スクールの改築事業が行われるたびに、イエナプラン教育の立場からアドバイスをしてきたヒュバート・ウィンタースは、校庭は、個人で使う場所から集団で使う場所へと広がっていく見地で校庭をデザインすべきであると言っています。そして、この観点から、４つのカテゴリーを設け、その要素を示しています。
Hubert Winters, "Environment is the third teacher"（2018年１月の文部科学省でのプレゼンテーションに使われた学校建築に関する資料より）

　最近は、オランダのほとんどの学校や保育園で、このような意図で仕掛けをした校庭づくりが一般的になってきています。以下、ウィンタース氏の枠組みを使いつつ、私自身が、ほかの学校で見た例も考慮して、修正的にまとめたアイデアを示しておきます。

創造性や芸術		遊びと動き
何かを作り出すことのできる材料 とくに目的の定められていない空間 野外ステージ 座って活動できる場 （小さい子どもへ）読み聞かせたり、お話をしたりする場 庭に飾る金属・石・木材によるアート作品	集団 ＼／ 個人	高低のある地形、階段や坂、トンネル（柳の枝を使うなど）、砂場、水遊びのできる場 ブランコ、鉄棒、すべり台、ジャングルジムなどの遊具類
自然体験 人工的に作った盛り土・川・丸太橋などビオトープ （子どもたちが自分でデザインした）植物を植えて育てる場所、食べられる植物（野菜や果物）を植えて育てる（後で調理して食べる） ハーブ園 小動物（ニワトリ、ウサギなど）、鳥の巣箱、昆虫を寄せる箱など		**静寂・コミュニケーション** 一人で座って静かになれる場所 ２、３人で静かに会話できる場所 小屋やテントのような場所 グループで観察したり話し合ったりできる場所（野外教室）

実践編（やってみよう）：イエナプランを教室・学校に取り入れるためのヒント

©Rien van den Heavel

▶ 主体的で対話的な学校環境

学校の外へ

🍡 自然に触れる

　もちろん、校庭のなかで、人工的に作られた自然よりも、ホンモノの自然そのものに触れられるのであればそれに越したことはありません。街のなかの学校ではむずかしいかもしれませんが、学校の近くに自然がある場所では、ぜひとも、積極的に学校の外に出て行く機会を作ってほしいと思います。自然は学びの宝庫です。

🍡 ホンモノの世界へ、ホンモノの世界と共に

　それは、列に並んで行進していく遠足のようなものではなく、保護者に協力を得るなどして、子どもたちの様子を大人が見守りながら、できる限り子どもたちが、自由に、さまざまなものをホンモノの世界から発見できる機会をもたらすものであることが望ましいです。

　オランダの小学校では、日本からの視察団が訪問するときには、上級生が中心となり、下級生も一緒に、近くのスーパーマーケットに子どもたちだけで買い物に行きます。訪問者に提供するサンドイッチの材料や飲み物などを買いに行くのです。お客さんの数に対して、材料をどれくらい買う必要があるのか、どんな種類の材料を買うか、グループ・リーダーから手渡された予算をもとに計算して買い物をします。算数で習った力を実際の場面で使う機会になります。

　近くに野原や林などがあれば、定期的に観察に出かけます。

　酪農場があれば、牛や羊の観察に行くこともできます。

　学校の子どもたちが、しばしばこうして実際の社会に出てくることによって、地域の人たちにも、子どもたちを共に育てるという意識が高まります。

　また、上級生になると2、3泊の泊まりがけでキャンプ場に行きます。キャンプの際も、保護者の協力を得て、グループ・リーダーにだけ任せることによって、子どもたちが、自由に動く機会を制限されることのないように配慮します。

沈黙と静けさの尊重

　静寂パラダイスや一人で静かに勉強する場、戸外で一人になれる場所など、沈黙や静寂をイエナプラン・スクールは大切にしています。

　サークル対話でも、自分から進んで話をしようという気持ちになっていない子に、無理をして発言させない、子どもに注意するときに言葉を必要以上に使わないなども、沈黙していることの意味を認めているからです。

　ペーターセンは、これについて『小さなイエナプラン』の中でこのように述べています。

実践編（やってみよう）：イエナプランを教室・学校に取り入れるためのヒント

イエノプラン・スクールは黙って思考し、黙って行動することを練習させる。この点でイエナプラン・スクールは「沈黙と静寂の学校」で、言葉の持つ力を過大に評価したり「饒舌であること」を練習したりすることに反対している。「饒舌を抑制することは、あらゆる人間形成とあらゆる学習にとって本質的条件だ。だから、何よりも、教育者の言葉や言論は制限され、全く新しく、——それによって再び価値ある効果的なものとして——再び新たに、学校生活のなかに取り入れられなければならない」と言ったヘーゲルはなんと正しかったことか。

　実際、イエナプラン・スクールは、教室に子どもたちがいるはずの授業中に訪れても、本当にどこかに子どもがいるのだろうかと思うほど静かです。サークル対話のときも、けっして、意味のないおしゃべりやふざけあうことはありません。子どももグループ・リーダーも、まるで家庭で食卓を囲んでいるときのように静かな声で話をしています。

　グループ・リーダーたちは、教室のなかで大声を張り上げることをしません。いつも子どもたちの身近で普通の声で会話をしています。誰か、子どもを注意するときには、その子のそばまで行って、その子にだけ聞こえる声で注意をします。声を荒げて、ほかの子どもに聞こえよがしに注意するようなことはありません。なぜなら、それは教師の権威を振りかざし、注意をされる子どもの自尊心を深く傷つける行為だからです。

　廊下でも教室でも、子どもも大人も、けっして走り回ることなく、周りの迷惑にならないように静かに行動します。

　また、普段、日課で、何か次の行動に移るときにも、クラス全員に一斉に声をかけて急かすようなことはありません。このような行為をしていると、グループ・リーダーに言われなければ自分から次の行動に移らない、主体的に自分の責任で動くことをしない受け身の人間になってしまうからです。同じ理由で、チャイムやベルもできるだけ鳴らさないようにしています。子どもたちは、今やっている活動の予定は何時までで、次にはどんな活動をするのかを知っていますし、教室の壁や校舎の壁にかかっている時計で時間を確認できるからです。

　4、5歳児など、まだ時計をよく読めない子どもたちの教室には、写真のような1日の流れをピクトグラムにしたものを作り、それを毎朝確認して、どんな活動でその日が展開するのかを子どもたちにあらかじめ理解させています。まだ慣れずにわからない子に対しても、それを時々指さして思い出させるだけで、次第に、自分で日課を心に留めながら行動することを学んでいきます。子どもを集めたり、次の活動に移ったりするときには、歌を歌って気づかせるようにしています。

▶ 生と学びの共同体

学校共同体：理想の未来社会の実現

🌸 生と学びの共同体とは？

　右のページに、保護者との関係についてのペーターセンの言葉を引用しています。それからもわかるように、伝統的な学校は、すでに100年前のドイツにおいて、学校と保護者の間に不信感の壁を大きく立ちはだからせていたことが想像できます。

　ペーターセンは、そのような状況のなかで、本来の公立学校のあり方とは、学校と保護者とが両方からお互いの信頼に根ざして協力して子どもたちの成長にかかわるべきだと言っています。

　オランダのイエナプラン関係者は、学校を「生と学びの共同体」と呼び、この共同体の中心には〈子ども〉が置かれ、その周りを子どもの養育の責任者かつ子どもの権利の代弁者である〈保護者〉が取り巻き、その周りを教育の専門家である〈学校の教育者〉が取り巻く共同体と考えます。それは、イエナプラン・スクールが、学校を子どもたちが生きて働く生活の場と考え、その子どもたちの学力だけではなく、人間としてのすべての力を育む、すなわち家庭の連続としての「養育」のための場であると考えているからです。

　同時に、学校の教職員は、子どもたちがやがて家庭や学校の枠を超えて、より大きな社会へと出ていくための準備をする専門集団でもあります。学校を「共同体」とみなすのは、学校が、子どもたちがやがてホンモノの社会に出ていくための練習の場だからです。地域社会の教育力が低下している今日、学校は、家庭だけでは生み出せない「共同体」としてなくてはならぬ場です。

🌸 子どもの行動模範としての大人

　多くの子どもたちにとって、日常的に出会う大人は、おそらく親と学校の教員たちでしょう。しかし現実には、この２つの大人のグループが協働する姿はほとんど見られず、しばしばお互いに不満を言い合っているという状況があります。それは子どもにとって未来に夢のない胸が塞がる状況です。子どもたちに、他者と共生すること、他者を尊重することを教えたければ、まず大人たちが共生と互いの尊重を学び、その姿を子どもたちに見せなければなりません。

🌸 学校が先か、社会が先か

　このように言うと、よく聞かれるのは「でも社会がこうですから」という声です。社会が競争的で、お互いに尊重し合わない大人たちばかりだから、学校がいつまでもよくならないとい

う声なのです。しかし学校をよくするのが先か、社会がよくなるのが先かというのは、卵が先かニワトリが先かの議論と同じで、いつまでも結論の出ない堂々巡りとなります。

けれども、社会が変わらないから学校もダメだというのは一種の絶望感につながりますが、学校が変わると社会が変わると言えば希望が生まれます。大きな社会を変えるのは困難でも、学校で、子どもたちのために、それを取り巻く保護者と学校の先生が、未来の理想社会をビジョンとして共有しながら、それを先取りして小さな学校共同体を作ることは可能です。

🔴 シチズンシップ教育としてのイエナプラン

この意味で、イエナプラン教育とは、そのすべてにおいてシチズンシップ教育そのものであるのです。

20の原則の6〜10の原則は、イエナプランが目指す社会の姿を現しています。イエナプラン・スクールは、それを実現するために、授業や活動の形式、校舎や校庭をデザインしています。それは、スース・フロイデンタールがまとめた8つのミニマムが実現されている社会のあり方です。人と人とが、お互いにインクルーシブにかかわり合い、人間的で民主的に、あらゆることを節度ある尊重の態度で対話によって共有し、お互いが、役職や建前によってではなく、人間としてありのままの姿でかかわり合い、よりよい社会のために関与していく社会です。人々は、お互いの自由を尊重し、何事も自分の頭で批判的に考え、創造力を発揮して、課題に取り組みます。

シチズンシップ教育は、そしておそらく道徳教育も、教科書からではなく、大人の行動が教えるものです。

> イエナプラン・スクールでは、しつけと教育において、すべての教育者が、最終的に、次のような事実において、自らの力を誰の目にも明らかなものとして発揮する。すなわち、教育者たちが、すべての子どもたちが見ている前でオープンに保護者と協働し、学校と家庭の保護者がお互いに一致協力し、その結果、この最善のつながりに守られて、それに守られて、学校が繁栄できるようになるという事実——それが、学校共同体である。(中略)
>
> 両方のグループの養育者たち（筆者注：学校の教職員と保護者）は、お互いにオープンかつ自由に向き合い、ここで、ある子どもについて、いずれかが心配していることを真に教育学的な観点から取り上げ、意識してそのことについて何もかも話し合うことを可能にし自分の意見を言うと同時に、相手への助言もするが、相手から何らかの注意を受けたり、非難されたりすることに対しても心が開かれているものだ。(中略)
>
> 教育者や保護者は、このように全く心を開いてお互いの意見に耳を傾け合うことができなくなったとき、この「人間的、いやあまりに人間的に過ぎる」行為に耐えられなくなるか、何らかの権威的機関を通して相手を排除しようとするだろう。そのとき、共に考え、計画し、行動すべきはずの両者の距離はあまりにもかけ離れてしまい、お互いの魂は、もはや触れ合うことさえなくなる。そして、お互いに対する感受性も、共通の課題への理解も、死に絶え始めるのだ。
>
> ペーター・ペーターセンの言葉『小さなイエナプラン』より

▶ 生と学びの共同体

保護者に学校の活動に参加してもらう

● 保護者会やオープンデーでビジョンを共有する

　オランダの学校は、学校ごとの自由裁量権が大きく認められており、公立校も私立校もみな独自の理念を持って教育活動を実践しています。学校がどのようなビジョンを持ち、それを具体的にどんな方法で展開しているかについては、国（教育監督局）に対しても、また保護者に対しても説明できなければなりません。

　国が認めた教科書を使って、教科書会社が決めた時間割に沿って単元をこなし、学力テストの平均点さえ満足であれば、とくにどんなビジョンを持って教育活動をしているのかなど問われることもない日本の学校とはたいへん異なります。しかし、その結果、学校の方針や理念は、校長室の壁に額に入れて飾られるだけで、それについては誰も議論しない、誰も問おうともしない、という学校文化ができてしまっていることも、認めざるを得ないのではないでしょうか。

　とりわけ、オランダの場合、1970年以降、国は、すべての子どもの可能な限りの発達を目指すためにどのようなビジョンと施策を持っているかを学校に強く求めるようになりました。つまり、学校は、インクルーシブなビジョンを自らの言葉で表現でき、それを実現するためにどんな方法で教育に当たろうとしているかを説明できなければならないということです。しかも、平均ではなく、すべての子どもがそれぞれ独自のスピードで発達し続けていることを、前述の生徒発達モニター・システムなどで証明しなければならないのです。

　日本で今イエナプラン教育を始めるとすれば、これも、インクルーシブで、すべての子どもが発達できることを目指した学校づくりとして行われるはずで、そのビジョンと方法は、教育行政官や保護者に、当然説明されなければなりません。

　オランダではすべての学校が、新学年になると、夕方、保護者を招き、２時間近くをかけて説明会を開きます。また、子どもの入学を考えている保護者を対象にオープンデーで学校を開放し、質問に答えることもあります。説明会やオープンデーでは、保護者を対象にモデル授業をしたりもします。

●「保護者」の責任を尊重する

　もうひとつ日本との大きな違いは、「保護者」の法的権利と法的義務がきちんと守られていることです。「保護者」とは、未成年である子どもの権利を子どもに代わって守る人という意味です。ですから、自分の子どもの、人としての権利が守られていないときにそれを訴えるのは、保護者の権利であり義務でもあるのです。

　学校は、そうした保護者の苦情や意見に対して、オープンに耳を傾けることができなければなりません。同時に学校は、自らの活動の姿をオープンに示し、保護者とともに子どもの成長にかかわる態度を示さなければなりません。そのために学校は、敷居を低くしていつでも保護

保護者参加のメニュー

- ファミリー・グループの備品の整理
- ファミリー・グループの教室の設備の充実（ロフト、テーブル、棚、飾りを作るなど）
- 図書室の図書の整理
- 子どもたちの料理教室の補佐
- 小さい子どもたちへの本の読み聞かせや読み練習の手伝い
- 特別な支援が必要な子どもへの個別指導（自分の子どもとは限らない）
- 遊びの時間に参加して子どもたちと一緒に遊ぶ
- 見学・遠足・キャンプの際の同行や送迎の手伝い
- 昼休みに運動場で子どもたちの見守り（昼休みは教職員にとっても昼休みの時間）
- 図画や工作のときの、子どもたちの活動の支援
- 演劇やミュージカルの衣装づくり
- 子どもたちへの、自分の職業紹介
- 子どもたちの探究の際に、インタビューの相手になったり情報を提供したりする
- 年間行事の準備
- 年に1～2回、教職員と協力して、学校パーティの準備（バザーやチャリティなども）　など

者が気楽に出入りし、日頃から教職員と保護者とが、人と人として率直に何でも話せる関係を作っておくことが大切です。

　上に示したのは、保護者の学校参加を促すためのメニューです。保護者は学校に「協力」するのではありません。学校は、子どもと保護者とそれを取り巻く教職員から成る「生と学びの共同体」です。教職員は、学校共同体づくりの専門的なファシリテーターでもあるのです。

　何も理由がないのに、ただ「学校に来てください」と言っても保護者にとっては敷居が高いものです。しかし、このようなメニューがあると、保護者は自分の得意な分野を使い、可能な時間帯を利用して学校活動に参加することができます。また、複数の保護者がグループで協力して学校の活動に参加することもありますから、保護者同士がお互いに知り合いになり、共に学校共同体の建設にかかわることができます。

　また、参観日のように、自分の子どもの様子だけを見に行くのではなく、学校にいるたくさんの子どもたちのために学校活動に参加することで、グループ・リーダーたちの日頃の仕事の様子も見えますし、自分の子どもが学校でほかの子どもたちの間でどのような態度をとったり、どんな行動をしているのかを見る機会にもなります。

　イエナプラン・スクールは、保護者に対してはいつでもオープンで、保護者は式の日や参観日だけではなく、いつでも学校に出入りすることができます。

▶ チームとしての教職員

全校の教職員が全校の生徒を見守る

● 教室ごとの閉じられた空間でなく

　日本の学校は、同じ学校のなかでも、ひとつの教室が閉じられた空間となりやすいのではないかと思います。これは、子どもたちにとっても教員たちにとっても、あまり心地のよい環境とは言えません。

　すでに述べてきたとおり、イエナプラン・スクールでは、子どもたちは教室の壁を越えて、廊下や踊り場に出て学習したり遊んだりできます。そこでは、ひとつのファミリー・グループの子どもたちだけでなく、ほかのファミリー・グループの子どもたちとの出会いがあります。同年齢グループのほかのファミリー・グループの子どもたちと、また、上級生や下級生など年齢グループの異なるファミリー・グループの子どもたちとの交流です。

　他方、グループ・リーダーたちも頻繁に交流をしています。

　それはひとつには、同学年グループの横のつながりによって、カリキュラムを共有し、場合によっては協働で子どもたちの指導にあたること（インストラクションの役割分担、キャンプや野外活動での協働、など）。もうひとつは、縦の、すなわち低学年グループ・中学年グループ・高学年グループのつながりです。これは、毎年3分の1ずつの子どもが移動するので、その連絡などで交流ができます。また、学校によってはこの縦の連携をユニットにして、下級生から上級生までが何か一緒に活動する際の単位にしているところもあります。

● 全職員がすべての子どもの指導にあたる

　しかし、イエナプラン・スクールはすでに述べたとおり「生と学びの共同体」として、学校全体をひとつの共同体にすることを目指しています。また一般に、オランダの学校はすべての子どもの人数が250人程度と規模が小さく、どこの学校もすべての教職員が、すべての子どもたちの名前を覚えていて、担任の教員（グループ・リーダー）だけでなく、どの教員も、学校にいるすべての子どもに対して、同じように声をかけ見守っています。

　どのファミリー・グループの子どもであっても、誕生日にはすべてのファミリー・グループを訪れて、そのグループのグループ・リーダーから祝福の言葉をもらいます。

● 教職員がチームとしてビジョンを共有する

　イエナプラン・スクールは「20の原則」というコンセプトを基盤としており、教職員は、それをビジョンとして共有しています。しかし、それは常に話題としておくことで生きたものとして維持されます。とりわけ自分のファミリー・グループで何か起きたときに、自分自身の対処は本当にふさわしいものであったのかどうか、保護者からの要望に自分は適切に応えているだろうか、といったことは、常日頃から頻繁にあることです。

実践編（やってみよう）：イエナプランを教室・学校に取り入れるためのヒント

　そのたびに、教職員チームの話し合いの場で、そうした自分の対処法へのフィードバックを受け、皆で自分たちが考えるイエナプラン教育のあり方を確認し合うことは大切です。このように、常に継続して話し合いを続けていることが、学校のビジョンを生きたものにするのです。大切なのは、どんな結果を生み出すかよりも、より理想に近づけるための継続的な努力であり、そのプロセスです。

● 職員室は憩いと情報交換とチームづくりの場

　こうした雰囲気を生み出すには、ファミリー・グループの子どもたちと同様に、教員たちもお互いに平等な関係で意見を述べ合う対話ができるようなオープンな信頼関係を維持し続けることが重要です。

オランダの学校の職員室

　そのためイエナプラン・スクールの職員室は、スクール・リーダー（校長）と教職員全員が、いつも輪になって気軽に何でも話し合えるような場になっています。朝、子どもたちが登校してくる前に、必ず全員で短いサークル対話をし、昼休みには皆で会話をしながら昼食をとります。合間の中休みにも、コーヒーや紅茶を手に、お互いが、気軽に、その日の自分の感情や家庭での出来事を伝えられる雰囲気です。それがあることで、お互いがお互いの状況を思いやり、問題を抱えている同僚には、可能な範囲で負担を軽減できるように配慮し、ちょっとした慰めの言葉が言える関係が、長い意味で、学校を安定した居心地のよい場にしていきます。また、放課後にはいったん集まり、その日の伝達事項をお互いに伝え合ったり、何か特別なことがあったときにはお互いに相談をしたりします。

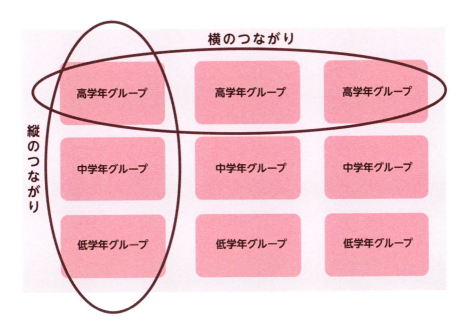

▶ **チームとしての教職員**

教員の自己評価、学校の自己改善

🌸 学校は常に改良され発展し続けるもの

　理想のイエナプラン・スクールというものはありません。なぜなら、子どもは常に新しく、世の中は常に変わり、教職員も常にいろいろな人たちが出たり入ったりしているからです。

　大切なのは、学校の教職員がそれぞれ個別に最善の授業に取り組もうとするのではなく、お互いの才能を集め、全体がひとつのシステムとして、子どもたちに最善の教育を提供できているかを、いつも振り返り、自分たちの力で、学校全体のためによりよい方法を創造的に編み出していく努力を続けていることです。

「20の原則」の第20項目には、こう書かれています。

「学びの場（学校）では、何かを変えたりよりよいものにしたりする、というのは、常日頃からいつでも続けて行わなければならないことです。そのためには、実際にやってみるということと、それについてよく考えてみることとを、いつも交互に繰り返すという態度を持っていなくてはなりません」

　これでよし、というような型がないのがイエナプランです。その学校の先生が、常に自分を振り返り、お互いに助け、助けられる関係をオープンに受け入れ、共によりよい学校を目指すという心の持ち方、あえて言えば、それが最もイエナプランらしい教職員の姿であると言えます。

🌸 問題を隠さない、問題に対してオープンであること

　問題はいつでもどこでも起きるものです。なかには教員自身の力不足もあるかもしれません。しかしそれは、どんな人にも起きることです。起きてしまった問題は、率直に認め、それを教職員全員の前でテーブルの上に乗せ、助けを求める態度が大切です。

　つまるところ、学校は、先生のためにあるのではなく、子どもたちのためにあるのです。そこで働く教員たちは、教育の専門家として、自らあるべき大人としての行為をとるようにすべきなのです。

🌸 各自が自分の実践を見直す

　そのために重要なのは、定期的に自分自身の実践を見直すことです。見直しの枠組みとしてヒュバート・ウィンタースとフレーク・フェルトハウズは、『共に生きることを学ぶ学校2　イエナプラン教育をやってみよう！』（ほんの木、Kindle版）のなかで、イエナプランのコア・クオリティの各項目について、自分のファミリー・グループの様子を見ながら振り返るためのチェックリストを作っています。このチェックリストは、できれば定期的に振り返りをして見直すことができるように、別に学校で用紙を作り、各グループ・リーダーがぜひ実際に利用してみてほしいと思います。

● パートナーシップによるフィードバック

　さらに、この書で著者らは、同じチェックリストを使って、同僚に自分のファミリー・グループでの様子を採点してもらうことも勧めています。信頼できるパートナーとして、お互いに自分の採点と相手の採点を比べてみる習慣を持つと、自分が苦手な部分を相手から学んだり、自分が得意としている部分を相手が参考にしてくれるなど、互いの才能を活かすきっかけにもなるでしょう。普段気をつけていることと見逃していることも見えてくるでしょう。

　何よりこうしたチェックリストを使うことで、感情に左右されることなく、自分の授業実践を見直す習慣ができます。

● ビデオコーチング

　パートナー、あるいは自分が好きな先輩教員やスクール・リーダーに頼んで、ビデオコーチングをしてみるのもよいでしょう。自分が授業をしているときに、誰かにビデオを撮ってもらい（携帯電話を使えば自分でもできます）、それをパートナーや先輩と一緒に見ながら、相手の感想を聞いてみるのです。大切なのは、アドバイスをする側の態度です。子どもに対するのと同じように、よいと思うところを指摘し、問題があるところは、ネガティブに非難するのではなく、ヒントとしてアドバイスを与えるようにしましょう。

　ビデオで撮影した自分の姿をほかの人と一緒に見る心の準備がまだなければ、誰か子どもに自分の様子を撮っておいてもらって、後で自分で見直してみるとよいでしょう。それだけでも、自分の姿勢、表情、話し方、目配りの仕方など、自分では気づかなかったたくさんのことに気づき、改善できるところが見えてくるはずです。

● どうやって解決する？

　そのほか、学校のよりよい発展のためには、さらに次のようなこともお勧めします。
・年に1～2回の合宿研修：学校を離れ、教職員全員が泊りがけで意見交換をする機会。毎年テーマを変えてもよい。合宿でも対話・遊び・仕事・催しの要素を取り入れ、真剣に話し合い成果を生むと同時に、共に楽しみ笑う遊びや催しの時間を持つ。
・外部の専門家によるワークショップ：何か気になるテーマがありもっと学びたいときに専門家を招いて指導してもらう。
・読書グループ：何か話題のテーマについて一冊の本を選択し、教職員チームのメンバーで共に読み進め、学校現場と関連づけながら話し合う。同じ本を読むことで「共通語」が生まれる。
・ほかの学校の経験に学ぶ：ほかのイエナプラン・スクールではどのようにしているかを、定期的に交換訪問したり、地域のイエナプラン・スクールから代表が集まって情報交換したりする場を設ける。何事も外から見ることで新しい発見が生まれる。

▶ スクール・リーダーシップ

管理者からファシリテーターへ

🔴 管理型校長は失敗する

　学校がほかの組織と異なるのは、何かを生産するとか、物事を協働で動かすことに目的を持つ組織ではなく、一人ひとりの子どもの発達を、子ども学の立場から最大限に支援することを目的としている点です。学校は、工場の歯車や軍隊の兵士を「生み出す」ためにあるのではありません。一人ひとりユニークな、つまりほかに二つとない個性を持った子どもたちの、その子だけの発達を最大限に保障する専門者集団であるのです。

　だからこそ校長は、ただ単に教職員チームのメンバーを上から管理しているわけにはいかないのです。管理され、がんじがらめに縛られた教職員は、目の前の子どものニーズが、仮にわかっていても、それに適切に応じられないからです。

　むしろ、スクール・リーダーは率先してイエナプランのビジョンを学び、体現していなければなりません。すなわち、教職員チームを信頼し、多少失敗する可能性も考慮したうえで、自由裁量で動けるゆとりを認めるということです。

🔴 スクール・リーダーは、グループ・リーダーが子どもに対するようにチームメンバーに対する

　スクール・リーダーは、イエナプランのグループ・リーダーたちが、ファミリー・グループの子どもに対しているように、ファシリテーターとして、チームのメンバーである教員たちに対するべきです。

　チームメンバーも生きた人間です。教員としての経験の深さの違い、性格の違い、そして日常的に起きるさまざまな出来事にも影響を受けた生活人であると同時に、感情の起伏もある生きた人間です。それを受け止め、学校のなかではどのメンバーも、自分の力を可能な限り最大限に発揮できる場を提供することがスクール・リーダーの役割です。時には、チームメンバーだけでは足りないところを臨時で補う役割も果たさなければならないでしょう。

　ファミリー・グループの教室が、リビングルームとして子どもたちに安心感を持たせることに目的を置いているのならば、チーム・ルーム（職員室）も、グループ・リーダーたちが安心して出入りでき、なんでも相談ごとを提示できる、温かい場になるように気をつけます。

🔴 内部にはファシリテーター、外部には独立の盾に

　すなわち、学校の内部ではスクール・リーダーはチームのメンバーが最も仕事がしやすいようにファシリテーターに、学校の外部に対しては、学校が外の社会からの利害や権力によって影響を受けることがないように、言い換えれば巣箱を守る親鳥のように、学校の独立を守る「盾」

でなければなりません。

　ファシリテーターとは、ファシル（facil）＝「易しい」という意味のラテン語から来ていて、物事を「易しくできるようにする人」という意味です。つまり、グループ・リーダーたちが、こんなふうな場所が欲しい、こういう教材が欲しい、保護者たちとゆっくり話したい、自分の能力をもっと向上させたい、などの希望を持っているときに、それが叶えられるように支援する人のことです。

　また、学校の独立を守る「盾」になるためには、スクール・リーダー自身が、イエナプラン教育について熟知し、それが目指しているところを外部の人たちに説得的に話すことができなくてはなりません。それにより、地域やそれよりももっと広い社会の人々が学校にかかわりたいと申し出てくれたときにも、誰彼なく無条件にではなく、イエナプランのビジョンの共有を前提条件として要求できるからです。

●チームメンバーの適材適所で、学校全体をシステムに

　オランダの西南部、バレンドレヒト市にあるドクター・スハエプマンスクールで40年余りの教員経験を持つ校長のリーン・ファンデンヒューヴェル先生は、イエナプラン教育との強い親和性から、ピーター・センゲの『学習する組織』の考え方を自校でのリーダーシップに取り入れて成功しています（オランダ・イエナプラン教育協会から優秀校、オランダ教育監督局からエクセレント・スクールに指定される）。

　彼がしばしば口にするのは、ファミリー・グループの子どもたちも教職員チームも、どちらも単なる人の集まりではなく、システムでなければならない、ということです。そのときに彼がよく例にあげるのが、道具箱や自転車です。道具箱のなかにさまざまな道具が雑多に入れてあるのは単なる「集まり」だが種類別に分類されているのは「システム」、自転車の部品（ハンドル、車輪、サドル、荷台、チェーン、ペダル）がバラバラにそこにあるのは「集まり」だがこれらの部品が組み合わされて自転車が動く状態にあるのは「システム」だと言うのです。

　彼が言おうとしているのは、チームもまた適材適所で、チームメンバーのそれぞれが持っているさまざまな才能を、うまく活かせる場で組み合わせながら活かすときに、学校全体があたかも自転車のようにある方向に向かって動き始めるということです。個々のメンバーの持っている力を見極め、うまく活かし、メンバー同士もそれを尊重し合い、助け助けられながら、子どもたちのために最善の組織を動かしていけるようにするのがスクール・リーダーの力だということです。

　もちろん、メンバーの経験や力は時間の経過とともに増大し、メンバー間の関係も変わっていきます。それを観察しながら、あたかも舞台監督のように、舞台の後ろから全体の役者を動かして、イエナプラン教育という演劇をうまく完成させていくのが、イエナプラン・スクールのスクール・リーダーの役割です。

▶ スクール・リーダーシップ

「学習する学校」はスクール・リーダーから

● 「学習する学校」とは、新しい市民社会に子どもたちを送り出すための学校

『学習する学校』とは、全世界で200万部を突破した『学習する組織』の著者ピーター・センゲと、彼の理論に敬服して、学校を「学習する組織」とすべく、さまざまな実践をしてきた教育者ら67人が執筆した本のタイトルです。2014年に筆者の邦訳で英治出版から刊行されています。

ここでいう「学習する学校」とは、一言で言うならば、産業化時代の学校から脱皮し、まだ見ぬ世界でまだ見ぬ課題に取り組んでいかねばならない子どもたちの発達を、自らも学びつつ支援する学校のあり方、と言えばよいかと思います。

今という時代を生きている子どもたちは、これまでのように産業化社会のなかの歯車のような受け身で無機的な存在として育てられるのではなく、新しい課題に、物事のシステム（関係性やつながり）を理解した「システム市民」として果敢に取り組む、能動的かつ創造的で、しかもさまざまな社会関係のなかで共同しながら生きていく有機的な存在とならねばなりません。そのためには、学校関係者は従来の古い学校の概念を捨てて、自分たち自身も経験したことのない新しい学校づくりのために常に学び続けていかねばならないということなのです。

『学習する学校』は、1990年代から2000年代にかけて、オランダの教育界で広く読まれ、とりわけイエナプラン教育の関係者の間では、自らのコンセプトとの親和性の高さから、たいへんよく読まれた本です。

● 「学習する学校」はスクール・リーダーから始まる

「学習する学校」は、子どもの主体性・自立性、子どもたちの多様性を尊重します。そして学校だけではなく、コミュニティとつながり協働します。

その際、「学習する学校」の要としての存在が、スクール・リーダーなのです。学校をシステムとして発展させ、それをより広いコミュニティにつなぐうえで、学校と社会の境目に立っているのがスクール・リーダーです。

変化する社会のなかで、子どもたちの力を信じて、彼らの力が最大限に発達されるように支援するとき、スクール・リーダーの役割は、単なる教育行政組織の末端の存在ではいられなくなるはずです。それどころか、「時代は新しい教育のあり方を求めている、こんなふうにすれば、こんなに子どもたちは生き生きと成長できるのだ」と、目の前の現場で見える実践成果を持って、規則に縛られた行政官たちを説得し、彼らの心を揺さぶり動かしていくのがスクール・リーダーの役割です。社会は諦め、学校のなかだけで理想の教育を実現しようとしても、いずれ社会に出ていかなければならない子どもたちは、そんな大人のまやかしを見抜いてしまうに違いありません。

産業社会が、世界のさまざまな場で行き詰まりを見せ、多くの人々の苦悩を生み、環境を壊

してしまった今、もしもまだこの流れを食い止めることができるのだとしたら、それは学校がこれまでとは全く異なる場になること以外にはないでしょう。スクール・リーダーは、この変革を生み出すか否かの切り札を持っていると言っても過言ではありません。

🌸 コンパスを持って、ぶれることなく

では、スクール・リーダーが最も気をつけなければならないことは何なのでしょうか。

それは、まだ見ぬ海原を航海する船の船長として、コンパス（方向指示器）を常に心に抱いておくことにほかなりません。8つのミニマムや20の原則が、これを示してくれています。

海原ではさまざまな困難に出会うことでしょう。そのたびに、そこで、何をどうすればよいのかは、コンパスが常に示してくれるはずです。

🌸 常に学び続けるスクール・リーダーであれ

イエナプランの指導者であるフレーク・フェルトハウズは、よく「子どもに本を読ませたかったらグループ・リーダー自身が本に夢中になっている姿を子どもたちに見せるべきだ。子どもたちに日頃から読書は大切だと言葉では言っているが、自分で本を読んでいる教員は少ない」と言います。

同じことは、スクール・リーダーについても言えます。

学校を「学習する学校」にしたかったら、すなわち、チーム・メンバーが子どもたちのために失敗を恐れずにさまざまなことに取り組み、常に学び続ける人であってほしいのであれば、スクール・リーダー自身が、自らの失敗を隠さず、失敗を恐れず、常に学び続けていることが大切です。

幸いイエナプランは、「方法を取り決めたマニュアル」ではありません。ビジョンに沿う新たな理論、新たな方法には、常に心を開き、学び、取り入れることができます。それが学校を生きたシステムにしていきます。

『学習する学校』

(ピーター・センゲほか著・リヒテルズ直子訳、英治出版、2014年)から

学校は、命令や指令、強引な順位付けではなく、学習の方向付けを導入することで、持続可能性のある、生き生きとした、創造的な場に変えられる。システムの中にいるすべての人が、自分の願望を表現し、意識を高め、もてる能力を共に発展させることに関わる。学習する学校では、長年お互いに不信感を抱いてきた人々つまり保護者と教員、教育者とビジネス界の人、行政管理者と労働組合員、学校の中にいる人と外にいる人、生徒と大人などが、お互いの未来の中で、また、自分たちが暮らす共同体の未来の中で、共通の利害をもつことを認め合う。(16～17頁)

私たちは、学習する学校を、別個に分離して独立した場所としてではなく、学習のための生きたシステムとして捉えている。すなわち、関わりを持つ全ての人が、個人的にも、また他者との協働においても、自分の気づきや能力を常に高め広げ続けるために存在するシステムなのである。(19頁)

「学習する学校」を生み出す努力に参加する人とは誰だろうか。公立・私立、都市部・農村部、大規模・小規模にかかわらず、そこには入れ子構造になった3つのシステムがある。そして、これらは相互依存的な関係にあり、お互いに絡み合った影響のパターンをもつ。その3つのシステムとは、「教室」「学校」「コミュニティ」だ。これらは、ときにはよく見えない形で、しかしあらゆるレベルにおいて人々の優先順位やニーズを形作りながら相互に作用する。学習する学校を育てるどんな試みでも、これら3つのレベルすべてにおいて変化が生じてはじめて効果的な変革が起きる。(33～34頁)

「学習はビジョンによって引き起こされる」
学校も含んだ多くの組織が、この見出しの教訓を看過しているが、組織を成功に導くためにこれほど重要なものはない。ビジョンは、状況や環境が人々を落胆させる厳しいものであるときも、人に学習し、成長するための力を与える。(47頁)

もし私たちが、学校を「社会を大きく変えるための機動力のある媒体」だとみなしたらどうだろう。教育を「リーダーシップ育成のための実験室」と見たらどうだろう。その実験室の中で、生徒は健全な未来を目指し、学校内、さらには学校という枠を超えて、起こるべき変化をもたらすには何をすればよいかについて学んでいるとしたら。(848～849頁)

子どもたちの発言の直截さは、大人を狼狽させる。しかし、驚いている場合ではない。今日、若い人はこれまでにない環境の中で成長している。彼らは前の世代の世界をはるかに超えた世界の状態に気づいている。彼らは気候の変化についても化石燃料に対する私たちの中毒症状についても知っている。金持ちと貧乏人の間にどうしようもないほどの格差があることも知っている。彼らはよく他国に住む友人と直接コミュニケーションをしており、世界中のいろいろな文化の人がお互いを尊敬し合いながら生きる術を探して苦闘していることも知っている。(849頁)

大人もまた、子どもと同じくらい、振り返りや協働を頻繁に練習することが必要だ。残念ながら多くの教育者は毎日の仕事の一部として、彼ら自身が振り返りを行い学習するためのゆとりを作っておらず、多くの校長はそうした場を作ることの重要性を自覚していない。(867頁)

システム市民を育てる学校は、小さい子ども、年長の子ども、10代の子、大人のすべてのために、もっと基本的で、もっと人間中心の教育への回帰を進めていくだろう。そうする中で、私たちは皆、私たちの時代の真の学びを学んでいく。それは、より持続可能性の高い世界を築くとは、人間的な意味において、より意味のある、より相互につながりあった世界を築くことだ、という学びだ。そしてその世界とは、子どもたちが何度も繰り返して私たちに示しているように、私たちが本当に心から住みたいと思う世界なのである。(880頁)

▶ イエナプランを日本で実践する

都市の学校・地方の学校

　イエナプラン教育は、日本の現状を見たとき、都市部においても村落部においても、それぞれ異なるニーズではありますが、導入する価値があると思われます。

●都市の学校：自治体にひとつイエナプラン・スクールを

　都市の学校に就学する子どもたちの社会的・経済的・文化的背景は、一般に、地方に比べてはるかに多様性に富んでいます。にもかかわらず、悪しき平等主義にとらわれてきた従来の学校制度は、都市部における学校に画一的なやり方を求め、家庭の事情や生まれつきの理由でニーズの高い子どもがいても、個別のニーズに合わせられる学校がありませんでした。

　このような状況を打開する意味で、たとえば自治体のなかにひとつか2つ、イエナプランを部分的または全体的に導入した教室や学校を設置してみる意味は大きいと思います。画一・一斉授業以外の選択肢があることで、自分のテンポで学べる学校を作るのです。それにより、これまでの学校では自己肯定感を持てなかったり、主体的に学ぶ機会を得られなかったりした子どもたちが、安心して学べる場を生み出せるでしょう。

　子ども人口の減少のために、せっかく立派な施設や設備のある長い歴史を持つ学校を統廃合で閉校するのではなく、ひとつだけ、小さな規模でイエナプラン・スクールを開校してはどうでしょうか。就学を希望する子どもや不登校になった子どもなどを、スクールバスで自治体の全地域から通えるようにしてはどうでしょうか。

　こうした試みは、やがてほかの学校に影響を与え、より主体的で対話的な実践がそこから波及するきっかけになると思います。

●地方の学校：「複式しか……」でなく「異年齢学級ができる！」

　実は、日本でかつて複式学級で学んでいたという人の多くが、よく「イエナプランには何の違和感も感じない」と言うのを聞きます。実際、イエナプラン教育の活動は、異年齢の子どもたちがいる場合にごく自然に起きる人間的で原初的な学びの形式であり、複式学級で異年齢の子どもたちと席を並べていた人たちにもごく自然に起きていた活動であったと思われます。

　残念ながら、「複式」というと、どちらかといえばネガティブなイメージがあり「本来は学年制でなければならなかったのに」という暗黙の了解があるようです。しかし、それをむしろ「異年齢学級のイエナプラン教育が実現できるまたとないチャンス」と捉えることはできないでしょうか。3学年の子どもが同人数ずついなければできないというものではありません。

　何よりも地方でイエナプラン・スクールを作るすばらしさは、ワールドオリエンテーションで使えるホンモノのテーマが豊富に存在していることです。自然環境、農林漁業などの地方の人々の営み、そして郷土史は、ホンモノの学びを重視するイエナプラン教育には、宝です。

教員の働き方改革のきっかけに

● 教育の当事者を教師から子どもに

　現在の日本の学校教育は、教員に過酷なまでの労働を強いています。それは、国際調査の結果からも明らかです。

　それはおそらく、学校教育の責任の多くを教師自身に担わせていることによるものだと思います。イエナプラン・スクールは、学校活動の当事者が子どもであることに出発点を置いています。子どもたちに学びの当事者意識を持たせるようにすることで、学習意欲と学習への責任、学校生活への参加意欲と責任が育ちます。また、保護者を学校活動に招き入れることで、保護者が自分の子どもの成長から排除されることなく、自らかかわる機会を得ます。

　教員は、子どもと保護者の学校での活動を専門的にサポートするファシリテーターとなるのです。それはさまざまな意味で、教員のストレスの削減につながるはずです。

● 教員が生きがいを取り戻すチャンス

　元来、教員になった人の多くは過去に「教員になりたい」と志望したとき、「子どもたちの幸せな未来のために」「社会がもっと住みやすくなるように」といった大志を抱いていたのではなかったでしょうか。すべてではないかもしれませんが、大半の教員はもともとそうした人生の生きがいを、教員という道にかけていたのではないかと思います。

　イエナプラン・スクールは、この教員の原初的な願望に道を与え、この願望をてこにして働くチャンスを提供します。この願望を維持することで初めて教員たちは、自分のファミリー・グループの子どもたちの発達を支援する仕事に意欲を持てるようになり、子どもと共に学び続けるグループ・リーダーになれます。

● 保護者の学校参加を促し、保護者とのよい関係づくりを

　日本の学校の教員たちにストレスをもたらしている原因のひとつは、保護者との関係でしょう。もちろん、家庭教育を十分に行わず無理難題だけ押しつける保護者もいることでしょう。しかし大半の場合は、学校が保護者の学校参加を認めず、学校でのやり方をオープンに共有しないために、保護者に不安と不満をもたらしているからではないかと思います。

　イエナプラン・スクールは、この壁を壊し、両者がお互いに尊重的な態度で協働する方法を示しています。それは、子ども一人ひとりのユニークな発達を支援するというビジョンが可能にしているのです。保護者の参加も、対話・遊び・仕事・催しを通して行われます。教員と保護者は、子どもに対して、理想の市民社会を先取りすべく、「市民らしい」、すなわち自由と責任を持った態度でかかわり合います。このことは、ひいては教員と保護者の間の不信感を取り除き、両者のストレスを大きく軽減します。

▶ イエナプランを日本で実践する

特別支援教育の見直し

● インクルーシブなイエナプラン教育は特別支援の先駆け

　スース・フロイデンタールが「8つのミニマム」のなかで「インクルーシブな思考」という言葉を使ったとき、オランダの教育界でも、まだインクルージョンや特別支援という言葉はほとんど使われていませんでした。こうした言葉がヨーロッパの教育界でも一般に広がるのは、1994年の「サラマンカ宣言」以降だと思います。

　つまり、イエナプラン教育のいうインクルージョンが、またシュタイナー教育やモンテッソーリ教育などオルタナティブ教育一般が進めてきた個別の子どもの個性やニーズへ適応する教育のあり方や、子どもたちが「共生」を学ぶことの意義についての議論などが深まってきて初めて、インクルージョンの考えに基づく特別支援教育が生まれてきたとさえ言えます。

● 特別支援は、自立を支援するもの

　では、なぜ「特殊教育」と呼ばれていた障害児への教育が「特別支援」と呼ばれるようになったのでしょうか。それは、障害があることで普通校から排除されていた子どもたちの人権を回復するためにほかなりません。人として、普通児と障害児の間には、一切の区別や差別はあってはいけない、私たちが社会として取り組まなければならないのは、〈障害〉そのものへの対応であって、障害児への対応ではないのです。すなわち、ある子どもが何らかの〈障害〉によって他の子どもと同じように社会の一市民として成長することが阻まれているのであれば、その障害を「特別支援」によって乗り越えさせよう、という意味なのです。

　ですから特別支援教育は、障害のある子どもへの庇護的な世話ではなく、その子が社会のなかで自立して生きていけるようになるための支援であるということです。

● 子ども同士の受容こそが、真のインクルージョン

　ですから「特別支援」は、学校の支援を通して、障害のある子どもたちが、学校共同体のなかで自立して生きていけるための練習ができるように必要な支援をすることに意味があります。

　またインクルージョンは、けっして学校の教員たちによる障害児の「受容」だけを意味しているわけではありません。そうではなく、インクルージョンは、学校それ自体がインクルーシブな共同社会になることを目指すものです。すなわちインクルーシブとは、双方向の意味を持つもので、（一見）、障害のない子どもが、障害のある子どもを受容するだけではなく、障害のある子どもも、障害のない子どもを受容するのです。

　障害のあるとなしとにかかわらず、私たちは皆一人ひとりユニークな存在です。それを認め合う社会を先取りして、すべての子どもたちに生きる場を与えようとしているのがイエナプラン・スクールです。

学校環境は教育の中身が決める

●学校教育の重要な要素としての「物理的な環境」

　学校といえば教員。日本の教育改革では、常に学校教育の変革が進まないことの責任を、ひとえに教員の力不足に押しつけてきた傾向があるように思えます。しかし、実は日本の学校の教員たちは、ヨーロッパの国々に比べて、①新しい授業方法を学ぶための現職研修を受ける機会が保障されていない、②教科書以外の副教材を購入し子どものニーズによって使い分けるための自由裁量権と資金が保障されていない、③学校環境についての決定権が限られているなど、実に厳しい制約の多いなかで、個人的な「努力」だけを求められているともいえるのです。

　なかでも、子どもたちの学習のあり方に決定的な影響を与えるのは、教職員の力量という「人的環境」のほかに、校舎やその周辺のデザインという「物理的環境」です。イエナプラン教育、とくにオランダで発達したイエナプラン教育は、そこに大きな意味を見出しており、多くの示唆を持っています。

●環境が持つ子ども学的状況を見直そう

　日本でも、確かにすばらしい校舎や校庭を持つ学校は全国にたくさんあります。壁のない教室、広々とした廊下、音楽室・実験室・図書館などすばらしい機能を備え、デザイン的にも建築の質もたいへん優れた学校です。

　けれども残念なことに、こうした学校で教員たちがそれをうまく使いこなせていない場合が少なくありません。それはおそらく、これらの学校が、建築家の手によって諸外国の学校の形を模倣して作られてきたからでしょう。日本でも建造された新しいタイプの校舎は、とくに、ヨーロッパの先進諸国から取り入れられているケースが多いと思いますが、これらの国々ではそもそも、学校教育のやり方そのものがすでに伝統的な学校の形式をはるかに超えており、新しい教育に取り組む教員たちのニーズが、校舎の形を変えてきました。環境を変えれば子どもたちの発達が刺激され、教育の形を変えられることに気づいてきたのです。つまり、「物理的環境」が教育のあり方を変えられることを意識して、さまざまな試みが行われてきたといえます。

●形が先行するのではなく、中身が形を決めるように

　しかし、そのためには形が先行するのではなく、そこで教育活動にかかわる教員たちが、どんな教育の形態を求め、そのためにどのような環境を必要としているのか、という教育のあり方の中身をしっかりと議論し共有することが先にあるべきです。

　イエナプラン・スクールは、4つの基本活動とワールドオリエンテーションが、それにふさわしい環境を求めます。これらの活動を最も効果的に行うための環境を必要とするのです。この考え方は、従来の学校建築のあり方を見直すうえでのひとつの示唆になると思います。

▶ イエナプランを日本で実践する

教材の捉え方を見直す

● 教科書至上主義が画一・一斉授業の原因

　日本の学校教育が、これほどまでに画一・一斉授業の形式から脱皮することができない最も大きな要因のひとつは、教科書至上主義にあると思っています。教科書の内容をすべて教える、教科書に書かれていることを可能な限り理解・記憶することで進学が決まる、という伝統です。

　多くの学校で、毎回の授業の前に、教員たちは「授業案」を作らなければなりません。場合によっては、分刻みで自分が何をするかを決めています。しかしそれでは、その場で偶発的に起きる子どもたちの反応やニーズにすぐに応じることはできません。

　しかも、紙の上にインクで文字が印刷された教科書は、子どもたちに「ホンモノ」の事物を提供しません。その結果、子どもたちが発達させなければならない、人間が持つさまざまな感覚、すなわち嗅覚や味覚や触覚などの発達は看過され、視覚と聴覚だけが著しく誇張されています。学習するとは、紙と鉛筆でするものとの意識が、他の感覚の発達を妨げてさえいます。

● 子どもを自立的な学習者にするには教材の多様化は不可欠

　教材の多様化、すなわち、子どものニーズにあわせて教材を使い分けることを英語ではDifferentiation、すなわち、「異化」「分化」と呼び、これは個別発達の保障のために、切っても切り離せない条件です。イエナプラン・スクールには、子どものニーズにあわせてさまざまな教材やツールが用意されています。一人ひとりユニークな子どもは、それぞれ得意・不得意があり、同じ事柄、たとえば掛け算、たとえば読解力にしても、同じやり方では同じように学ぶことはできないからです。

　教材がふんだんに教室にあれば、教員は子どものニーズに合わせて適切な教材を取り出して使うことができます。しかし、日本の教室にはそれがないのです。驚いたことに、コンピュータの生産では世界でもトップの部類に入る日本が、学校ではほとんどコンピュータを活用できていません。教材もコンピュータも、それ自身をよいもの・悪いものと裁断することには意味がなく、ツールとして人間が判断しながら使うときに最も効果を発揮するものであることは言うまでもありません。

　しかし、「（教科書以外に）何もない」状態では、そうした判断力を養う機会すらないのです。

● 教科書でなく教材費を

　学校を、イエナプラン・スクールのように個別の子どものニーズに合わせられるようにするには、多様な教材を備品として準備することはどうしても避けられません。行政には、そのために何らかの資金を用意してほしいと思います。少なくとも、教員たちが自分たちで教材作成できるだけの資金と、それを認める体制があればずいぶん変わってくると思います。

教員が学ぶ時間と費用の保障を

● 疲弊し、学ぶ時間が足りない日本の教員

　フレーク・フェルトハウズは、「週末に1週間の学校生活が終わるときには、子どもたちは、『ああ、今週もよく仕事をした、疲れたなあ』と言い、教員は元気はつらつでいなければいけない」とよく言います。イエナプラン・スクールのグループ・リーダーたちは、コーヒーブレークやランチタイムの後、職員室から教室に入っていくとき、キリッとした表情となります。教室のなかでは、彼らは一見怠惰なように見えるのですが、実は彼らはすべての子どもたちに対し、気づかれないように遠くから目を凝らして観察しています。

　しかし、日本の先生たちの心身はあまりにも疲れています。長時間労働のために、家庭生活も十分に満足のいく状態ではなく、翌日学校に疲れたまま出かけ、それが何日も続くという状態にある先生は少なくないのではないでしょうか。

● 事務や記録のデジタル化

　こうした状況を改善するためには、行政が資金を投資して、事務や記録の仕事が軽減できるようにデジタル環境を整備することが、急務であると思います。

　教員の最も大切な仕事は、教室で一人ひとりの子どものニーズをいち早く察知し、それに対応することです。精神的・肉体的に過労状態にある教員に、この仕事はできません。

　オランダをはじめ多くの国ではすでに、教員たちがこれまで手作業で行ってきた事務や記録を簡易化しています。またこうすることで、子どもたちについての記録を職員間でオープンに共有できるという利点にもつながっています。

●「生活指導」の名のもとに教員に課される負担を軽減できないか

　第二の改善点は、「生活指導」の名のもとに行われる教員の過負担の軽減です。教員は本来、学校のなかで行われる授業時間の指導を任されている専門家です。本来の「生活指導」の第一義的な責任者は「保護者」です。現実には、オランダも含め多くの国で、家庭そのものが子どもの生育環境として破壊されつつあり、学校が担わなければならない役割が増えていることは事実です。しかし、子どもたちの間違った行動の責任を、学校の教員だけに押しつけるというのは不当です。

● 内部研修と外部研修、そのための費用

　教員への過負担は、本来、教員が継続して行うべき学びの機会と意欲を奪ってしまっています。教員の質の向上を求めるには、疲労の原因を取り除き、学校のチーム同士での学び合いの機会、また外部の専門家からの指導の機会を保障すべきで、そのための費用は欠かせません。

▶ 付録1

よくある質問集

Q. イエナプランなどのオルタナティブ教育では、子どもに自由に任せすぎて基礎学力がつかないのではないですか?

A. イエナプランは、自由放任ではありません。自立して学ぶことを尊重しています。また、従来の学校と同じように、基礎学力も重視しています。画一・一斉授業では、どうしても初めに遅れてしまうと後から取り戻すことができなくなり、落ちこぼれてしまいますが、イエナプラン教育などのオルタナティブ教育では、一人ひとりの子どものニーズに合わせて、個別の教え方を工夫し、落ちこぼれさせないことを目指しています。

一見、できる子とできない子の格差を広げるかのように見えますが、実は逆で、学習のために特別なニーズのある子を早期に発見して対応しますので、結果的には差は広がりません。

Q. イエナプラン教育で育った子どもはどんな大人になるのですか? 主にどんな仕事についていますか?

A. イエナプラン教育は、それぞれの子どもが持っている才能を最大限に伸ばすとともに、社会性や情緒の発達などを含め、ほかの人とうまく協働できる力を育てます。イエナプランだから、何か特殊な職業につくようになると考えるのは誤りです。

あえて言えば、イエナプラン教育が目指しているのは、自分をよく知り、他者も尊重して自立的かつ協働する力を持って生きる人たちの形成であると言えます。とくに何かの職業に向いているとか、何か特殊な政治的傾向を持つということはありません。

ちなみにオランダでは、イエナプラン教育で学んだ人が自由民主党から文部科学省の次官になっていましたし、他方、イエナプラン・スクールの校長をしていた人が社会党の党首になっていたこともあります。

Q. 子どもが自分で時間割を作ると進度に差ができすぎるのではないですか?

A. 子どもたちが自分で時間割を作る意味は、その子にとって必要な時間をかけてそれぞれの課題を達成するということです。画一・一斉授業の学校で教員が出す課題は、どの子に対しても同じ時間です。しかし、私たち大人も経験的に知っているように、誰にでも得意・不得意があり、何かをすばやくやってのける人が、ほかの課題には時間をかけないとできないということもあります。

子どもたちの課題は、自分で勝手に決めるのではなく、それぞれの進度に合わせて、グループ・リーダーが提示します。子どもたちは、提示された課題に対し、自分がやれる時間配分や順序で計画を立て、課題を遂行していきます。このようにすれば、画一・一斉で起こりがちな、まだよく理解できていないのに次のレベルの課題に取り組まなければなら

ないという問題がなくなり、自分のテンポで、確実に発達していくことができます。この方が、自己肯定感と責任感は高まり、ほかの子から大きな遅れることにもなりません。

Q. 子どもたちに何でも任せると、しつけが行き届かないのではないですか？

A. しつけはそもそも何のためにするのか、ということを考え直してみる必要があるかと思います。しつけや道徳は、他者と共に生きている社会のなかで、他者に迷惑をかけたり、他者に敬意を払うことを怠ったりしないためのものです。しつけや道徳は、人から「こうしなさい」と教えられて学ぶこともできますが、他者との関係のなかにあって、お互いの気持ちを語り合い、喧嘩やコンフリクトなどの失敗を実際に体験しながら学ぶことも可能です。

また、イエナプランは「子どもたちに何でも任せている」わけではありません。そこには大人であるグループ・リーダーがいて、いまだ身体的にも精神的にも未熟な子どもたちのことを見守り、サークル対話で子ども同士がお互いの気持ちを理解し合えるように導きます。他者とのかかわりのなかで生きていく方法は、教条的に文言で学んだことを言われるままにしているよりも、大人に見守られた、小さな失敗の許される環境で、経験的に学ぶ方が本当に自分のものとして身につく学びとなります。

Q. イエナプランの学校ではいじめはないのですか？

A. いじめは、子どもが発達する途上で、子どもたちの集団のなかでは「必ず」と言ってもよいほど起きます。ある年齢層の子どもの間では、何らかの事情で、自分の力を他者に見せつけたいがために、ほかの誰かをいじめるという示威行為をしてしまいます。ですから、いじめの本質はそれを第三者に見せることにあり、いじめるものといじめられるものとが二人だけしかいない環境では、いじめは起きないとさえ言われています。

大切なのは、いじめが起きたときには、すぐにそれをオープンに取り上げ、子どもたちの問題としてファミリー・グループの子どもたち全員と共有することです。毎日のサークル対話、とくに1日の終わりの振り返りのサークル対話で、「今日もみんなの学びがうまくいったかどうか」「誰か嫌な気持ちで過ごした人はいないか」と問いかける習慣を作っておくことで、早い発見につながります。

サークル対話で問題を共有する意味は、いじめが起きていることをグループの全員が責任を持って受け止めるためです。いじめが起きるときには、いじめる子・いじめられる子のほかに、いじめる子を囃し立てる子、いじめられている子をかばう子がいます。しかし最も多いのは、いじめが起きていることに気づいていながら、知らん顔をしてかかわらないようにしようとする子です。

ファミリー・グループが誰にとっても過ごしやすい場にする責任は、すべての子どもにあります。それを子どもたちに自覚させることが大切です。いじめに気づいたら、止めに入るという態度が子どもたちから自発的に生まれるようにしていなければなりません。

また、いじめとふざけは違うということも子どもたちに教えておきます。いじめは一方

的ですが、ふざけは双方向的です。

　いじめへの教員の介入は、このように、ファミリー・グループのメンバー全員が自分のこととして受け止めるようにオープンな話し合いに持ち込むことです。そうではなく、ただ「いじめはダメだぞ」「いじめをするなよ」と禁止するだけでは、いじめは路上やネット上といった学校の外の、教員の目の届かないところで起きるようになってしまいます。そうなってしまうと、学校でどんな対策をとっても、いじめを抑制することはたいへん困難になります。

　イエナプランでは、皆が率直に話せる状況を生み出し、それを維持することで、いじめや、それに近いことが起きたときに、すぐにその場で子どもたちと話し合うようにしています。

Q. イエナプラン・スクールは、どんな子にも合った学校でしょうか？

A. 原則として、イエナプラン・スクールはどんな子も受け入れるインクルーシブな姿勢の学校です。それにより、子どもたちがお互いから多くを学べるようになるし、実際の社会の姿に近い姿が学校共同体として実現することを目指しているからです。

　しかし、イエナプラン・スクールは、保護者の協力を多く求める学校でもあります。保護者がイエナプラン教育のビジョンに賛同していること、あるいはどのようなビジョンであるかを知りたいとオープンな気持ちでいることは重要な条件です。

　また、特別支援のニーズが大きすぎて他の子の発達が妨げられる可能性があったり、その学校の教職員の受け入れ態勢が、人員面（特別の訓練が必要な場合はそれも含む）や施設面で十分に整えられるだけの資金が保証されていない場合には、それらへの対策をまず行ってから受け入れを考えるべきで、態勢が整わないうちに、善意だけでどの子も受け入れるのは、学校の責任上すべきではありません。

Q. イエナプラン・スクールには校則はありますか？ それはどんな校則ですか？

A. イエナプラン・スクールには、あらかじめ学校が決めた校則はなく、原則として子どもたちの話し合いによって、自治的に自分たちが気持ちよく過ごせるための約束事を決めていくようにします。ルールではなく「約束事」と呼ぶのは、何か、学校側が決めた約束を受動的に守るのではなく、自分たちで「こう約束しよう」と主体的・参加的に決めることで責任感が生まれるからです。

　ただし、63頁にも掲載していますが、ペーターセンは、「『グループのルール』とは、教室で起こってもよいこととは、すべての人が共に欲していること、学校での秩序ある共同生活と仕事とを、この教室内にいるすべての人にとって、ちゃんとしかも美しいかたちで保障するものであることのことだ。ここで、つい表面的に考えて忘れがちなのは、この『すべての人』には教員も含まれていることだ」と述べており、学校にいるすべての人が嫌な思いをすることなく、人権を認められていることを大前提としています。グループ・リーダーら教職員も、約束事を決める子どもたちの話し合いには参加し、グループや学校の一員として、子どもと同じように、約束事

を守ります。

Q. イエナプラン・スクールの教員には特別の資質が必要ですか？

A. オランダのイエナプラン教育協会は、イエナプラン・スクールで働く教員に対し、一般の教員免許状のほかに、学校で働くすべての教員が、イエナプラン専門教員としての資格を持っていることを「イエナプラン・スクール」の条件にしています。そのため、資格のない教員は、毎年、国が支払う現職研修の費用を使って、毎月1回とか隔月に1回の研修を、半日で学校が終わる水曜日の午後などに受け、2、3年間の時間をかけて資格を取得します。

日本では、まだ、そうした資格取得のための研修を提供している機関がありませんが、現在、日本イエナプラン教育協会がその可能性について検討しています。

将来的にはオランダと同じように、イエナプラン・スクールの教職員は、専門の訓練を受けた人たちで構成されるべきであると思いますが、現在は暫定的に、オランダで日本人向けに行われている研修に参加したことがある人が規定の人数いることを、日本におけるイエナプラン・スクールの名称提示の条件としています。

Q. 日本でイエナプラン・スクールを始めるにあたり、教職員として気をつけなければならないこと、陥りやすい落とし穴はなんですか？

A. 教員たちが、これまでの学校文化の一部である「権威主義」を嫌うあまり、学校が自由放任の場になりがちであることです。

イエナプラン教育は、経験ある大人が持つ「権威」と「権威主義」を区別しています。前者は、子どものためになるかどうかを考えて判断するためのもので、後者は、大人の都合で子どもたちを押さえつけるもので、両者は全く異なります。

イエナプラン教育を支持する教員や保護者は、まずほとんどが、従来の画一・一斉型の学校への批判が動機になっているため、従来型の学校が行ってきた縛りを嫌い、こうした縛りの何もかもを放棄して、子どもたちに無制限な自由を与えようと考えがちです。

しかし、走り回る子が多い、教室でのものの取り扱いが乱暴、ざわざわして落ち着かない、といった環境は、子どもたちにとって不安で不快な場所であり、子どもたちの発達にとって大きな障害となります。そうした問題は、放置しておけばますますエスカレートしていきます。

このような問題が起きたときには、グループ・リーダーが問題を指摘し、子どもたちに問題を考えさせ、自分たちで約束事を決めさせるようにアクティブに働きかけなければなりません。

また、何らかの子どもの間違った行為に対しては、その子だけに聞こえる場所で、すぐにその行為がほかの子や教室の雰囲気にとって悪影響を及ぼすことを、その子自身がなぜそういう行為をしているのかの理由も聞き取りつつ、行動を変えていけるように子ども本人と約束をするようにすればよいと思います。権威を、愛情を持って使うことが大切です。

▶ 付録2

ちっちゃなニルス
（ヨス・エルストヘースト　Jos Elstgeest）

　ヨス・エルストヘーストは、アフリカでプライマリー・サイエンスの指導をしていたオランダ人だが、1970年、スース・フロイデンタールが偶然出会い、ペーターセンの「問い」の重視、特に「問い」を刺激する「子ども学的な状況作り」の観点から、彼の取り組みに感銘を受け、彼の論文は、以後、オランダ・イエナプラン教育におけるワールドオリエンテーションの発達に多大の影響を及ぼすこととなった。この「ちっちゃなニルス」の文章は、「子ども・物・動物：出会いとチームワーク」と題する論文の前半部分で、子どもが発するホンモノの問いや、学校が陥りがちな「学校ごっこ」の問いが持つ問題について簡潔かつ辛辣に指摘した文章だ。

　また、次の付録にあげた「ライオン蟻に聞いてごらん」は、オランダ・イエナプラン教育における「古典」とも言える論文で、不思議に思うこと、問いを持つことの大切さと同時に、どうすれば子どもたちが問いを持つように刺激できるかという問いに、多くの示唆を与えてくれる名著である。エルストヘーストはフロイデンタールとの出会いから23年後の1993年に病没している。その際、オランダ・イエナプラン協会は、機関紙Mensen Kinderenで追悼特集を掲載した。
http://www.jenaplan.nl/userfiles/files/mensenkinderen/MK1993-11_jg09_nr2.pdf

～～～～～～～～～～

　ちっちゃなニルスは生まれて13ヶ月、少しもじっとしていないで、裸で、嬉しそうに、クンドゥチの素晴らしく美しい浜辺の、濡れた砂の上を這い回っている。ギリギリで海ではない陸の上、ギリギリで陸ではない海の中を動いている。それは、陸に押し寄せてきて力を失った波が、斜面になった砂浜で疲れ切って止まったり、砂の中に沈んだりしている場所だ。そうしている間に、ニルスの周りの

砂には、あちこちに小さな穴がポツポツと空き、そこから泡がブクブク出てきている。それがとても気になるらしく、ニルスは、ものすごい集中力で、ぽっちゃりした小さな指で穴から穴へと追いかけている。そしてまた、新しい波が押し寄せてその穴をすっかり消してしまい、また、新しく穴が空き始めるのだ。ニルスは、またもや、穴との終わりなき遊びを始めるのだが、期せずして大きな波がニルスを包んで押しやり、ニルスはそれに驚いて泣き始め、とうとうニルスの遊びにも終わりが来てしまう。

　子どもと宇宙との、子どもと世界との、こんなにも明快な出逢いを目前にすると、子どもや子どもたちの世界へのオリエンテーションについて書かれたどんな学者の論文もすっかり色褪せてしまう。なぜなら、出逢いは今まさにここで起きているからだ。これがまさに出逢いそのものなのだ。そして、私たち、何でも知っているつもりでいる大人は、この出逢いに何ら付け加えるものはない。泡を吹いている小さな穴たちが、ニルスを誘っているのだ。「ほら見てごらん、こっちだよ、ここを触ってごらん、指を突っ込んで」と。そしてニルスは、その穴たちから誘われるままに、正確にそれに応じているのだ。まだ言葉を持たないニルスには、自分の問いを文章にすることはできない。けれどもニルスは、一つの、しかし真っ当な問い、一つの生きた問いを発している。「なんだろう？何が起きているんだ？」と。

▶ 問いと答え

　問いと答えとはここで一つに融合する。ニルスの問いはまた、モノ、つまり、泡を吹いている穴たちからの挑戦に対する応答でもある。そして、ニルスの問いは、彼が自分で探し、獲得する答えと同じように、穴に突っ込んでいる彼自身の指を通して発されている。完璧なチームワークではないか！　一体誰が、両者の間に割り込むことができよう。

　数知れない多くのこうした出会いは、大人と同じように、小さな子どもたちの生活の中でも起きている。子どもたちは、毎日のように、世界の小さな欠片と出会い、その度に、そこで対話が交わされている「見てごらん、感じてごらん、指で触ってみて、やってみてごらん、味わってみて、匂いを嗅いで、舐めてごらん、耳をすましてごらん」と。

　空に浮かぶ雲、藪で巣作りをしている鳥たち、木の葉の上の毛虫たち、蜘蛛の巣の真ん中にいる蜘蛛、花粉、羊の皮の柔らかさ、缶の中から聞こえるガラッという音、シャボン玉のとりどりの色、ありとあらゆるところから、こっちを見てごらん、とモノたちが語りかけてくる。問いはいつもそこにあり、答えはそこにある。そして、子どもはその鍵を握っている。

▶ チームワーク

　この鍵を握っていてもいいのか、と聞かれて、私に反対する者など誰もいないだろう。もちろんいいに決まっている、と。けれども、子どもとモノ、子どもと動物、子どもと誰かほかの人、子どもと世界の間の、こうした姿、こうしたチームワーク、こうした出会いを、私たちは学校の中で見いだせるだろうか。あなたの学校ではどうか？　あなたが受け持っているクラス、あなた自身の子どもはどうだ

ろう？
「花は5つの部分から成り立っています。つまり、萼(がく)と花びらと卵細胞とめしべとおしべです」

　5年生の少女は、「花」というプロジェクトのために図書室で30分間調べ物をし、そこから、この宝物のような答えを抱えて、満足そうに出てきた。この、いくらか疑わしい情報を元に、彼女は、真っ赤なマジックインクで、まるでプラスチックか何かで作られたような花の絵を描き、そこに、調べてきた言葉を書き込む。教師は、よくできたと満足そうにうなずきながら、萼だの花びらだのと書いたものを確かめて頭の上に掲げると、この少女の作品を壁にピンで貼り付ける。

　しかし、ここには小さな悲劇がある。図書室にも、少女のいる場所にも、花がないという悲劇だ。教室には、いくつか花を咲かせている植物が置かれ、学校の周りには、ありとあらゆる花が咲いているというのに、だ。この少女は、自分自身の本当の問いを持つことなく図書室に行って調べてくるように言われるが、図書室では、モノたちが口を開くことはできず、少しおどおどとした声しか聞こえてこない。その声とは、利口な出版社が儲けるために作った高価な何百冊もの物言わぬ図鑑シリーズの声だ。そして、少女は、自分で問いかけることもしないまま、プラスチック製の答えを押し付けられる。そこには、花との出会いの中で、少女がつまずくような問いはないし、彼女に向かってささやかれている答えは、何の役にも立たない。なぜなら、この答えは、彼女を花の本当の姿を調べるために、もう一度観察するために送り返すようなものではないからだ。少女がもたらすのは混乱だけ。なぜなら、鍵は彼女の手から奪い去られてしまっているからだ。

Jos Elstgeest "Kind, Ding, Dier: Ontmoeting en Samenspraak" , Mensen-Kinderen/November 1993 10-11 PPより（リヒテルズ直子訳）

▶付録3

ライオン蟻に聞いてごらん
（ヨス・エルストヘースト）

原著：Jos Elstgeest, Vraag het de mierenleeuw zelf maar, Aanvullende bronnen, Projectgroep WO-Jenaplan o.l.v. Tjitse Bouwmeester, "Wereldoriëntatie in het Jenaplanonderwijs", SLO(Instituut voor Leerplanontwikkeling), 1995
翻訳：リヒテルズ直子

　小さな虫のような、人がほとんど見向きもしないようなものが、クラスの子どもたちを何日間もおもしろがらせ、興味しんしんにさせる……。そんなことがどうして可能なのでしょうか。

　でも、この取るに足らない小さな昆虫の幼虫は本当にそうだったのです。こんな虫けらなど土のなかにすぐに見つけることができます。乾いた日陰、たとえば突き出した軒の下とか、ヴェランダの下、または木の根っこの間や道端などに漏斗のような形をした窪みを作っているのを見つけることができます。その漏斗型をしたそれぞれの窪みの底には、くすんで黒っぽい色をした小さな虫、ライオン蟻が潜んでいるのです。

　子どもたちはこの昆虫を観察しそれが何をしているのかを見ながら、ありとあらゆる質問をしてきました。

- あれは何？
- あの窪みのなかで何をしているの？
- どうやってあそこにやってきたの？
- どんなふうにして動くの？
- 何を食べるの？
- 食べ物をどうやって手に入れるの？
- どうやってあの小さな窪みを作るの？

　子どもたちはまだまだもっとたくさんの質問をしましたが、その質問のすべてに対して、ライオン蟻はほとんど自分で答えを出すことができました。だから、私たちは子どもたちに対していつもこう繰り返して告げるべきなのです。

「そのライオン蟻自身に聞いてみてごらん。きっと君たちの質問に答えてくれるよ」

　この文こそは、この学び全体を通しての赤い糸のような役割を果たしました。この言葉は何度も何度も繰り返されました。ライオン蟻自身に何もかも聞いてみることによって、子どもたちは自分たちの質問の答えを見つけることができましたし、グループ・リーダーもまた、自分の問いかけに答えを見つけることができました。

　愉快なのは、ライオン蟻はどんなときにも間違っていないことです。ときどき、子どもたちやグループ・リーダーは仮説的に何かを言ってみることがありましたが、それはときどきまるっきり的外れだったりしました。

　ライオン蟻にたずねることによって、子どもたちは、あっという間に知りたがり屋の小さな探究者になるのです。子どもたちはとても注意深く観察するということを学びます。また、自分たちが見つけたことをとても上手に書きとめることができなくてはなりません。そのために、ノートをとったり、絵を書いたり、データを表にしたりします

子どもたちは、次のような問いを立てることによって、ありとあらゆる実験を考え出してそれを実行していくことを学びます。

- もしも□□□□したら何が起きるだろう？
- もしもライオン蟻を細かい小石の入った箱に入れたら何が起きるだろう？
- もしも細かい石と砂を箱に入れたら何が起きるだろう？
- もしも、灰とか、砂糖とか、塩とか、籾殻とかのなかにライオン蟻を入れたら何が起きるだろう？

このような、あるいはこれに似た問いを子どもたちが出し合うことによって非常によく秩序だった状況が生まれ、ライオン蟻はといえば、子どもたちの問いに対して、けっして知らん顔して答えない、ということはありません。あるグループ・リーダーはたいへん驚いてこう言いました。「私の子どもたちは、このライオン蟻について私よりもずっとよく知っています！」と。そのときにある人がこのグループ・リーダーに、どうしてそんなことになったのか、と聞きましたら、彼はこう答えました。「子どもたちの方が私などよりもはるかによく観察していたからです」と。

この子どもたちは科学的な探究のプロセスをしっかりと学んだのです。子どもたちは質問するということを学び、そして仮の状況（実験）のなかで答えを出すことを学んだのです。

子どもたちは前もって答えを考えてみることも学びました。

子どもたちは、答えを導くにはどんな実験をしなければならないか、ということも学び

原文に添付されたライオン蟻（オランダ語でMierenleeuw）のイラストレーション
NJPV "Mensenkinderen Jaargang 9 Nr.2 (1993) p.14 掲載の図を許諾済み転載

ました。

子どもたちは、正しい結論を導くのが必ずしも簡単なことではない、ということも学びます。

これは皆、科学的に答えを出すという作業です。

けれども、何よりも大切なのは、子どもたちが、自分自身の手と、自分自身の目と、そして自分自身の理解力を使って、自分たちの問いに対する答えを見つけるために学んだ、ということです。子どもたちは自分自身を信じるということ、自分自身で観察するということ、自分自身の答えを出すということを学んだのです。しかもこれは、教育者に対しても大きな自信を与えることになったのです。

▶ 教育者の役割とは何か？

教育者はオーガナイザーの役割を担うものです。教育者は十分な素材がすぐ手の届くところにあるように、または子どもたちに必要なものを持ってくるように手引きします。素材というのは、たとえば箱、空き缶、空き瓶など、つまりそこに砂を入れたり、それから当然ライオン蟻を入れたりするためのもので、

子どもたちがいとも簡単に、そしてすぐに見つけられる素材です。教育者はグループ・リーダーとして、子どもたちのアイデアに耳を傾け、子どもたちがさらによく考えるように励まし、新しいアイデアが生まれるようにします。教育者は自身も子どもたちに混じって会話に加わり、ときには子どもたちが自分たちで問いかけた質問に答えを出す方向で、ほんの少し後押しをしてやります。教育者はけっしてライオン蟻について何かを教えてはいけません。そうではなくて、ただこう言って刺激を与えるのです、

「ライオン蟻自身に聞いてみてごらん」

▶ なぜこのユニットでライオン蟻を選んだのか？

ライオン蟻は、ある動物について学校で学ぶという目的のために、次のような理由から、抜群に適していたからです。

- 熱帯アフリカのほとんどの地域で見つけることができる。
- 危険がない：噛んだり刺したりしない。
- 簡単に観察することができる。
- 簡単に飼育できる。
- いなくなってもすぐに別の蟻を見つけられる。
- 割合に強い。
- とても興味深い。

ほとんどの子どもたちはライオン蟻を知っていますが、それではライオン蟻がどんなふうに生きているのかということになると、彼らは何も知りません。この動機づけはクラスの子どもたちが研究を始めるにあたり、十分強力なものです。子どもたちは、ライオン蟻をチラッと見るや否やすぐにいろんな問いかけを始めます。そうして子どもたちは、グループ・リーダーにこう言われるのです。「ライオン蟻自身に聞いてみてごらん」

じきに子どもたちは、どんなふうにライオン蟻に向かって問いかけていけばよいのかを理解し始めます。じきに教育者は、なぜ子どもたちがすでにわかっている答えを自分に問うてはいけないのかということが理解できます。ライオン蟻自身が答えを子どもたちに与えるからです。

教育者であるあなたにとって、あなたのクラスでこのユニットを始めるにあたって、あなた自身がライオン蟻を信頼するように努めることがいかに重要であるかがわかるでしょう。

この指導書を読めば、いろいろな要点が書かれていることに気づくでしょう。ライオン蟻は自宅や学校の壁際などで簡単に見つけることができます。自分でも一度しっかり観察してみてごらんなさい。あなたも一度、この蟻が、置かれるいろいろな条件の場所でどんなふうに反応するかよく見てごらんなさい。あなた自身がライオン蟻をよく観察すれば、子どもたちがライオン蟻を探究するときに必要な信頼を、あなたもライオン蟻に抱くことができます。子どもたちの小さな探究活動をうまく指導することができるでしょう。あなた自身の熱心さが子どもたちによい影響を与えるでしょうし、子どもたちは、あなたのその熱心さをほどなく受け入れるでしょう。

教育者として、あなたは何か猜疑心を抱いていませんか。こんなつまらない虫の勉強をして何か得るものがあるのだろうか、と思っ

ているのではないですか。本当に意味のある授業ができるのだろうか、と。

それならば、どうして自分でこの問いに答えを求めようとしないのでしょうか？　だったら、なぜ、あなたもこのライオン蟻に自分で問いかけてみないのでしょうか。

▶ 準備

ライオン蟻の授業に先立って、このテーマについての短いイントロダクションをやるとよいでしょう。たとえば、前の授業の最後の10分間など。教育者が前もって砂を入れた箱を用意し、そこに何匹かのライオン蟻を入れておくとよいでしょう。1日前にそれをしておくと、子どもたちは、蟻が必ず作るに違いない窪みを見ることができます。そうしておくことで、口頭で長々しい説明をする必要がなくなります。なぜならほとんどの子どもたちは、こういう窪みを毎日の生活で知らず知らずのうちに見ていて知っているからです。

ですから、このときに「どんなところにこんな小さな窪みを見つけることができるかな」という問いかけをしさえすれば、子どもたちは、それにすぐに答えることができます。「誰がそんな窪みを作るの？」という問いが当然そのあとに続き、これが議論のきっかけとなります。

「皆さんは、この昆虫についてどんなことを知っていますか？」

明らかに知っていることはとてもわずかです。

「どうしたら皆さんはこの昆虫についてもっと知ることができるでしょう？」

「よく見ることによって」と答えが返ってきます。

こうなれば、この答えを引き出すのはそれほどむずかしいことではないはずです。ライオン蟻をよく見て知ることができるためには、調べるために蟻を飼わなくてはいけませんし、そのために、箱やビンなどを用意しなくてはなりません。

▶ 何が必要が

子どもたちを動機づけるために、ほんの少しでよいのですが、彼らが自分のものを持ってくるように励まさなくてはなりません。なかに砂を入れることのできるものであれば、箱でも空き缶でも空きビンでもよいです。もちろん、半分に割れたココナツの実の殻でもいい。ライオン蟻を持ってくるのはまったく問題ないはずです。子どもたちはどこからでもそれを見つけることができます。

▶ 最初の授業

まずはじめの授業で、4、5人ずつのテーブル・グループに子どもたちを分けることを勧めます。そのために、机や椅子は動かしやすいものにすべきです。どうしてこんなふうにするのでしょうか？　それは、そうすれば子どもたちがお互いに一緒に仕事をしたり話したりしやすいからです。これはたいへん重要なことです。

教育者は、子どもたちが自由にお互いに話をすることを奨励すべきです。これがお互いの考えや問いの設定を交換するのをやりやすくして刺激します。最初の授業では、子どもたちが自分で持ってきたライオン蟻に対して、

やりたいことをやらせてみなくてはなりません。

▶ それから教育者はどうすべきか

　教育者はテーブル・グループの間を注意しながら巡回し、それぞれのグループの会話に参加します。よく注意をして聞いていると、子どもたちがおもしろい質問をすることに気づくでしょう。質問によっては、ほかのグループにとっても興味深いものがあるかもしれません。教育者は、そういう問いについては、機会を捉えてほかのグループの子どもたちにも伝えるとよいでしょう。たとえばあるグループの子どもたちが、もうライオン蟻を見るのにすっかり満足してしまって飽きてしまった瞬間などに。けれども、どんな問いに対しても、子どもたちにはこう話しかけるべきです。「ライオン蟻自身に聞いてみてごらん」と。

▶ どれくらいの期間そうするのか

　最も大切なのは、教育者が、子どもたちに、発見活動のために十分な時間を与えることです。子どもたちが、ライオン蟻の戯れを観察することに忙しくしている間は、やめさせる理由はまったくありません。これは、たいへん有意義な忙しさだからです。この初めの発見が宝のような問いを生むからです。ここにこそ、教育者が次に何をするかがかかっています。

　最初の学習期間では、子どもたちは、ただ自分で探究することを自由にできる状況になければなりません。たぶん、それに続く期間もそのほうがよいでしょう。そうするかどうかは、クラスの子どもたちの反応次第です。

　第2段階の学習期間においては、教育者はこのようにたずねてみることができます。「皆さんは、前回に観察したすべてのことについてどんなことを覚えていますか？」

　このような問いかけをすることによって、子どもたちはメモをとっておいたほうがよいのだ、ということに気づくでしょう。教育者は、子どもたちがノートを使っているかを確かめておかなくてはなりません。子どもたちが、自分たちが書きとめておきたいと思っていることをメモするように指導します。場合によっては、1、2の文章や言葉、場合によってはスケッチというふうに。もしもある子どもがたいへん明快なスケッチを描いたときなどには、他の子どもたちも見ることができるようにボードに貼り出しておくとよいでしょう。

　子どもたちは、次第に、メモやスケッチを少し秩序立てて記録するということを学びます。そうして子どもたちは、何かもう少しよい分類の仕方はないかとか、注意深く仕事を進めるべきだ、というようなことを自分で発見します。教育者としてのあなたは、子どもたちの学びに対してコメントを加えますが、子どもたちの学びを「もっとよくしよう」とすべきではありません。

　次にあげた、私たちの実験クラスでの最初の授業の様子をご覧になれば、皆さんは私たちが、そのような授業で何をしようとしていたかについてよく理解できると思います。

　子どもたちは皆自分で持ってきたビンや箱にライオン蟻を入れています。子どもたちは、ビンや箱や空き缶やココナツの実の殻のなかの砂をゆすり始めました。幾人かの子どもた

ちは、砂を揺すって蟻を砂から出そうとしています。ライオン蟻がこれに反応し始めると、子どもたちはいろいろなコメントを言い始めました。

子ども1 君の蟻を僕にちょうだい、ちょっと見てみたいから。
子ども2 僕のを見た？ 僕の蟻をちょっと見てごらんよ！ ああダメダメ、触っちゃダメ。
子ども3 僕のは丸く歩いているよ。
子ども4 見てみて、穴を掘っているよ。
子ども5 触ると羽を閉じるよ。
子ども6 私の死んでる。
子ども7 どうして後ろ向きにしか歩かないのかな。
教育者 どうしてそうするのか、自分で発見してごらん。
子ども7 うん、でもどうやって？
教育者 何を使って歩いているかな？
子ども8 足を使ってだよ。

ここで子どもたちはライオン蟻をいっそう注意深く観察し始めました。子どもたちはこの昆虫の足の数を数え、その動きを観察しました。

子ども9 蟻はいったいどうやって穴を掘るんだろう？
教育者 蟻自身に聞いてみてごらん？
子ども9 ハハハ、蟻は僕のしゃべる言葉がわからないよ！
教育者 そのとおりだね。でも、君が蟻が穴を掘るのを見たいと思ったら、蟻がやっているのを見ることはできるよね。そうしたら君はどうする？

しばらくして、子どもたちは砂の山を作って、蟻をその上に乗せました。ほかのテーブル・グループの子どもたちは、薄く敷いた砂の上に蟻を置いていました。この子どもたちは、蟻が砂の上でどんなふうに動くか、どんな足跡を残していくかを観察していました。子どもたちは、次のようなことを言いました。

子ども1 見て、蟻が砂の上に地図を描いているよ。
子ども2 ニ・フンディ・ヤ・クレホラ（この子どもはスワヒリ語を話しています。この文はこういう意味です：この蟻は一流の絵描きだなあ）。

そのとき子どもたちはグループ・リーダーからこう聞かれました。

「みんなはライオン蟻から何を学びましたか？」
● 蟻は砂のなかに住んでいます。
● 蟻は砂のなかにいるのが心地いいです。
● 蟻は後ろ向きに歩きます。
● 蟻は自分のはさみで砂を上に放ります。
● 蟻は砂が見つかるまでうろうろ歩き続けます。
● 砂が見つかるとそれを掘り始めます。
● 蟻は砂に絵を描きます。

この授業のなかで、いくつかの問いが生まれました。

- ライオン蟻は砂のなかでどうやって生きているんだろう？
- 砂のなかでは息をする空気がないだろう？
- 蟻はどうして後ろ向きに歩くのだろう？
- 蟻はどこからやってくるのだろう？
- 蟻は何を食べるのだろう？

▶ この先どんなふうに学習を進めるか？

この最初の学習段階の終わりになると、子どもたちは、自分たちでライオン蟻に問いかけることができるということを理解し始めます。子どもたちがライオン蟻から学ぶというのが、何より重要なのです。子どもたちがこれまでの段階で、また次の授業で自分たちの学習を始める前に何らかの示唆が必要だったとしても、それは最低限のものでなくてはなりません。

教育者自身が何か学びの意欲が薄れてきているなと感じたり、子どもたちがもう問いかけることがなくなってしまったように見えたり、また子どもの方からの働きかけが見えなくなってしまったりしたときに限って、教育者は介入し、もっと具体的な示唆を与えるべきなのです。

このとき教育者は、子どもたちに対して新しい問いを示したり、新しい状況を作って新しい問題を提示したりする、という方法をとることもできるでしょう。この段階でやろうとしているのは、何らかの体系化をする、ということです。

指導書は、教育者にとって、読んでわかるものでなければなりません。もちろん各教育者は、私が今示してきた順序を必要に応じて入れ替えることも可能でしょう。どういう順序で教育者が指導するかは、まったく子どもの関心のあり方次第です。子どもたちの関心こそが、教育者に、どういう順序でステップを踏めばよいのか、また何が次の段階の問題か、ということを考えながら、どうやったら子どもたちが求めている解決に導いていけるのか、を判断するための助けになります。

はじめの何回かの授業の後で、子どもたちは彼らが今までにライオン蟻から学んできたことについてどんなことを覚えているか、一定の時期を捉えてたずねられました。教育者はその日、その授業でどんなことをするかについて何らかのアイデアを頭に持ってきていましたが、子どもたち同士の会話はまったく別のテーマ、すなわち、「ライオン蟻の食糧について」に発展していきました。会話はこんなふうになされました。

～～～～～～～～～～

教育者 皆さんはこれまでライオン蟻から学んだことについてまだ覚えていますか。
子ども1 ライオン蟻たちは土のなかに住んでいます。
子ども2 ライオン蟻たちは後ろ向きに歩きます。
子ども3 ライオン蟻たちは砂のなかに住んでいます。
子ども4 砂の外では生きていけません。
教育者 どうしてそれを知っているの？
子ども4 自分でやってみたからです。僕は、蟻を砂の入っていない空き缶に入れてみま

した。そしたら死んでしまいました。

教育者 どれぐらい経ってから死にましたか？

子ども4 蟻は砂の外では生きられません。

子ども5 蟻は食べられなかったんだ。ええっ、それ大きな問題だよ、ライオン蟻はいったい何を食べているんだろう？

子どもたち
- ライオン蟻は黒蟻を食べているよ。
- ライオン蟻は赤蟻を食べているよ。
- ライオン蟻は塵(チリ)を食べているよ。

教育者 みんなはライオン蟻が何を食べているか、どうしてわかったの？

子ども1 だって僕見たもの。

子ども2 僕、蟻を窪みに投げてみたんだ、そしたら、ライオン蟻はその蟻を捕まえていたよ。

教育者 どうやって捕まえたの？

子ども2 自分のはさみでだよ。

教育者 誰かほかにももっと何か見た人がいますか（2、3人の子どもが手をあげる）？

子ども6 でも、ライオン蟻は塵も食べています。私それを自分で見たわ。

教育者 あなたはライオン蟻が塵を食べているのを確かに見たの？ どんなふうに塵を食べていた？

子ども6 ライオン蟻が砂を持ち上げるようにして積んでいくとき、口に塵がつきます。

教育者 皆さんも同じ意見ですか？

子どもたち
- いいえ
- はい
- いいえ
- いいえ
- はい

教育者 ライオン蟻自身にもう一度聞いてみて、今あまり確かでないことについてちゃんと調べてみるというのが、いいアイデアではないかな？

～～～～～～～～～～

　上のいきさつからも明らかなように、実際、子どもたちが授業の流れを決めていくのです。実験のこの早い時期にライオン蟻が何を食べているのかという問いが立てられたのはとても都合のよいことでした。ライオン蟻が何を食べているのかを子どもたちが発見したら、自分の蟻たちの飼育をよくできるからです。

　もしもすでにすばらしいライオン蟻の穴が掘られている空き缶や空き瓶があったならば、子どもたちは、そこに蟻を放り入れてライオン蟻がそれにどんなふうに反応するかを観察できます。教育者であるあなたは、子どもたちが「ライオン蟻が食べるかもしれない」と仮定していろいろなものを入れてみることを認め、様子を見ていなくてはなりません。

　小さな男の子がハエを捕まえそれを自分のライオン蟻に食べさせました。ある子どもたちは、いろいろなものをライオン蟻の穴のなかに入れ、何が起こるかを見てみようとするし、他の子どもたちはライオン蟻がどんなふうにして食糧を捕まえるかを見ようとします。子どもたちは、ライオン蟻を砂のなかから掘り出して、自分の席に載せ、ほかの蟻だの、ありったけのいろいろなものをライオン蟻の前に置いてみたりするでしょう。これがまたいろいろな発見につながるのです。

　ほかの蟻たちは、目の前にいるライオン蟻の方にあまり近づいていこうとはしないでし

ょう。また、いつもの慣れたところから取り出されてきたライオン蟻は、そんなにすぐにほかのものに反応することもないでしょう。もしかすると、とても予想に反したことをするかもしれません。こうしたやり方はとても行き当たりばったりのものであるように見えるかもしれませんが、実はこれこそとても大きな価値のある活動なのです。なぜなら、子どもたちはこうしたことを通じて、生きたものを使って実験することがどんなにむずかしいものであるかを学ぶからです。また、子どもたちはこれを通して、ライオン蟻がどのようにしてものを食べるのかを本当に示す、何らかの状況を作り出すにはどうすればよいかという問題を、どう解決すればよいかを学ぶからです。

ここで教育者が、あまり困惑状態にいないライオン蟻が入った箱を別に用意しておくのは、よいやり方だと思われます。子どもたちが自分たちの実験用のライオン蟻を使って食糧実験をしているときに、普通の状態にあるライオン蟻を横に置いておくとよいからです。

ライオン蟻がどのようにして蟻を食べるかを観察してみると、ライオン蟻が作っている穴の窪みは、実は落とし穴で、蟻たちはそこから這い上がって外に出るのがとてもむずかしい穴だった、ということが明らかになるでしょう。

たぶん、時期を捉えて、子どもたちに、蟻が穴から這い上がろうとしてすっかり疲れ切ってしまっていることに注意を向けさせるとよいでしょう。たとえばこんな問いかけをして。

「どうして蟻は逃げようとしないのかな？」

繰り返しますが、教育者であるあなたは、子どもたちに対して、自分たちで観察するための十分な時間を与えなくてはなりません。子どもたちが自分たちでメモをとるなら最高です！　もし子どもたちが自分からそうしようとしない時には、あなたが子どもたちをちょっと後押ししてやるだけにするのがよいでしょう。でも、けっして子どもたちを強制しないように。

▶付録4

ワールドオリエンテーション・アクティビティ集

原典：SLO Instituut voor Leerplanontwikkeling, Projectgroep WO-Jenaplan o.l.v. Tjitse Bouwmeester, "Wereldoriëntatie in het Jenaplan onderwijs" 1995

　本付録は、1995年にオランダの国立カリキュラム研究所（SLO）が刊行した Wereldoriëntatie in het Jenapalan onderwijs（『イエナプラン 教育におけるワールドオリエンテーション』）という全9巻のワールドオリエンテーションの指導要領のなかで、7つの経験領域および時間と空間に関し、それぞれ Leerervaringen（学習のための経験）として集められた子どものためのアクティビティの例を抽出したもの。オランダ・イエナプラン 教育の専門研修会社 JAS（イエナプラン・アドバイス・アンド・スクーリング社）は、このアクティビティ集を、学校や教員がワールドオリエンテーションを企画する際の参考とするためのツールとして制作・発行しています。

　オランダでは、1981年の新初等教育法が施行されて以来、（初等教育終了段階で、子どもたちが最低限到達していることが望まれるものとして国が提示する）「中核目標」では、生徒たちが学ぶべき内容を、いわゆる基礎学力に当たる国語（オランダ語）・英語・算数（数学）のほか、自分自身と世界へのオリエンテーション（通称ワールドオリエンテーション）・芸術オリエンテーション・運動教育というカテゴリーに分けて示しています。

　すなわち、伝統的な教科であった社会科や理科というカテゴリーはこの時点で廃止され、その代わりに、自分自身と世界へのオリエンテーションのなかに、社会科（地理や歴史）や理科（生物・物理・化学など）、さらに、市民性教育や性教育も含まれるようになりました。従来、科目として分節化されていたこれらの教科を、教科横断的に総合的に学べるようにしたということです（オランダの中核目標における「自分自身と世界へのオリエンテーション」の課題は、付録5（168頁）に示しているのでぜひ参照してください）。

　本付録の原典である上記の指導要領全9巻は、オランダにおけるすべてのイエナプラン・スクールにおいて、ワールドオリエンテーションのバイブル的な役割を果たしています。同時に、SLO が刊行したことで、イエナプラン・スクール以外の学校や教材開発会社も参考にするようになりました。

　本付録の内容を見ると、オランダ国内のイエナプラン・スクールが、この中核目標を前提としてワールドオリエンテーションをカリキュラムとして企画する際に、まさしく（日本の文部科学省が新しい学習指導要領で目指している）「主体的・対話的で深い学び」を実現させるためのアクティビティをどのように系列化しているかがわかります。初等教育におけるワールドオリエンテーションの組織化のために、SLO 発刊の指導要領の作成に指導的な立場でかかわった、当時オランダ・イエナプラン 教育協会の研究主任のケース・ボットは、子どもたちの経験領域を7つの領域に分け（69頁）、さらにそれとは別に時間と空間の2つのカテゴリーを加えています。

　日本でイエナプラン教育を実施するためには、文科省が求める「主体的・対話的で深い学び」を実現させることが強く求められると思い

ます。その際、日本の学習指導要領が、社会科・理科・道徳・保健などで求めている知識やスキルの習得を、ワールドオリエンテーションの課題としてどのように総合的に組み合わせて達成させるかが課題になってくるでしょう。

以下にあげるワールドオリエンテーションのアクティビティを見ると、多くの場合、ひとつの科目で達成すべき能力だけにとどまらず、基礎学力を含む複数の科目を横断的に同時に行う多目的なアクティビティになっていることがわかります。すなわち、それぞれのアクティビティが、学習指導要領では、異なる科目の課題として定められた知識やスキルにつながっているということです。

このことを踏まえて、どの時点で、どの年齢グループの子どもたちに、どのようなテーマのワールドオリエンテーションを企画すれば、ここにあげられているアクティビティが実施でき、さらに、学習指導要領の要請を満たせるか、と考えてカリキュラムを作るとよいでしょう。

以下のアクティビティは一覧表にして、毎年、ワールドオリエンテーションが行われるごとに実施した項目にチェックマークを入れられるようにするとよいでしょう。数年ごとのサイクルにして実施すれば多くのアクティビティを網羅することができます。

日本語訳： リヒテルズ直子 Naoko RICHTERS

めぐる1年

	中学年グループ（6〜9歳）	高学年グループ（9〜12歳）
1年というめぐる時間	気候現象を認める。風力を自分で作った風力計で測る。降水量、降水の種類（雨や雪）、雲の種類を見分ける	天候観察所を設計する。季節ごとに1週間ずつ、毎日、気温・風力・降水量・気圧を測り、みんなが見られるように記録する。データ間の関連について考える
	季節ごとに天気予報を見て天候の観察をする	2つの季節で、1日のあいだ、どこに太陽があるか、また、それを季節の気温との関係で考える
	天候が人々の行動に与えている影響を観察する。冬の遊び、夏の遊び	学校付近の数ヵ所で、湿度・風・気温を比べる
	極端な天候現象について話し合う。たとえば最も暑かった日、最も雨が多かった日など	自分たちがいる環境で集めたデータを他地域のデータと比べる
	季節ごとに1週間ずつ天候カレンダーを作る	模型を使い、地球と月が、太陽との位置関係でどう動いているかを調べる。昼夜について、また太陽が昇っている時間の変化を説明する
	サークル対話で、サマータイムやウィンタータイムについて考える	オランダの（海洋）気候のデータを他地域の気候のデータと比べる
	校庭を設計し管理する。役割分担、土を耕す、タネを蒔く、育てる、収穫する	オランダ王立天候観測所から、天候についての全国のデータを集める
	季節ごとに一度ずつ、林のなかを歩き、季節ごとの変化を見つける	天候が何かの役割を果たしている物語を集める。昔の人はどうやって冬を過ごしていたのか。熱帯や北極・南極では、人々はどんな暮らしをしているのか、など
	自分が担当する木を決め、季節ごとの変化を観察調査する（芽、葉、花、鳥や昆虫のすみかなど）	季節を、人々の食習慣との関係で捉える：昔と今（たとえば、今、私たちは1年中イチゴを食べていることなど）
	春には巣箱を作り鳥の交尾行動や巣づくりを観察する	校庭を設計し管理する。役割分担、土を耕す、タネを蒔く、育てる、収穫する
	春と秋に、定着する鳥と渡り鳥を観察する	秋にキノコが生えている様子を観察し、どんなふうにそれが増えるのかについて調べる

1年というめぐる時間	冬に鳥に餌をやる	少なくとも学年中に2回、1本の木をできるだけ完全に記述し、季節との関連でその変化を観察する（芽・花・落ち葉など）
		動物がいろいろな方法で季節の変化を過ごす様子を学ぶ
		渡り鳥や冬眠についてのデータを集める
祝祭と行事	子どもとグループ・リーダーの誕生日を祝う	子どもとグループ・リーダーの誕生日を祝う
	週の始めと終わりに催しをする	週明けと週末の催しを企画する
	収穫祭を企画する	収穫祭を企画する
	聖ニコラス（サンタクロース）を迎える	聖ニコラスのお祝いで、サプライズ（もらった人が驚くプレゼント）を作る
	教室でクリスマスの飾りつけをし、クリスマスを祝う	教室でクリスマスの飾りつけをし、クリスマスを祝う
	復活祭や春の祭りを企画する	復活祭や春の祭りを企画する
	キリスト教の祭りとそれ以外の宗教の祭りに注意を払う。キリスト教以外の宗教の信者を招いてその宗教の行事について話を聞く	他の文化の行事についての情報を集める
	グループのパーティを企画する	戦没記念日、解放記念日、王様の日などの特別の祝日、学校の設立記念日などに注意を払う
	祝日や記念日に注意を払う	新入生の入学パーティ、卒業前のお別れパーティなどを企画実施する
		地域の催しに参加したり全国的なイベントについての情報を集める
学校の1年	イヤーブックの記録	イヤーブックの記録を続ける
	去年、何があったかを思い出す	メモを書き込めるカレンダーを作る（計画・約束・備忘録など）
	メモを書き込めるカレンダーを作る（計画・約束・備忘録など）	小学校卒業後に皆が何をするかについて考えたり話し合ったりする
	週計画を立てる（学年のなかでの重要な日程を書き込む）	小学校生活を振り返る。報告・演劇・絵画など

環境と地形

	中学年グループ （6〜9歳）	高学年グループ （9〜12歳）
人と動物の生息地としての環境と地形	自然界で、何らかの動物を選んで観察する	ある地域でよく見られる植物や動物について、種類の簡単な見分け方一覧を作る
	無脊椎動物を集め、整理・分類し、それについて記述する	構造的に少し複雑な場所（池、植物が混在しているところなど）で、そこに生息している動植物をできるだけ詳しく図や地図にする
	簡単な図鑑や、種類を見分けるための本などを使い、植物や動物の名前を見つける	あるひとつの種類の植物または動物の環境を正確に調べ（分布図を使って）、それにより有機体と環境との関係についての意識を強める
	あまり複雑ではない場所で、いろいろな場所（ある種類の木、土のなかなど）に住んでいるものを、図などを使って整理する	いくつかのお互いに緊密な関係を持つビオトープ（生態環境）とそこに生息する動植物とを比べてみる。たとえば学校の近くや、遠くにある異なる種類の水場、森、野原など

付録4

人と動物の生息地としての環境と地形	自然のなかで、自分が担当する場を選び、自然の保存や回復のために管理する	動物や植物の色、形、行動とそれらの機能との関係を見出す。迷彩色、警戒色、蜜の種類など
	土の標本を集め、虫眼鏡で見たり、水はけの具合を見たりする	ある場所での生きもの同士の関係、また、生きているものと生きていないものとの関係を探ってみる
		地形のなかの小さな要素、たとえば、水たまり、木の洞、林などを、自分の担当と決め、管理する（できれば設計や補修にも関わる）
		地下資源や鉱物がどのように生成されるのかを調べる
人の生息地としての環境と地形	いろいろな地域を調査して、自分が一番住みたいところはどこかを判断したり、地域の特徴を地図にして表したりする	自分の住んでいる場所の周辺の様子を知りたいと思う人のための散策ルートやサイクリングルートを作る
	立ち入ってもいいところ、立ち入ってはいけないところについて、話し合ったり、標識を調べたりする	自分が知らない土地で散策やサイクリングを計画する
	周囲にあるいろいろな場所について、その土地の特徴やそこでの経験について、共通点や違いを比べる	市内地図で遊ぶ
	学校の周りの地域を、家・屋敷・敷地の境界、異なる形や目的の家屋・庭などを観察しながら、歩いてみる	子どもたちや、ほかの近隣の住人にとって快適な場所と快適でない場所を調べる。調べた結果を目に見える形にする（地図など）。また、それを改良する方法を提案する
	引っ越しについて話す。よい点と悪い点、新しい住まいに慣れるにはどうするのがよいか	周辺の地域で、何らかのアクションを起こすための調査をする。たとえば交通状況をよくするように、市や町に提案をするなど
	読みのサークルで旅行記・紀行文を読み、その内容を演劇にする	自分が住んでいる地域をほかの知らない地域と比べる。学校キャンプに行った土地、ほかの知らない学校の学校新聞を通じて知った土地の様子など
	自分の家や学校の周りの様子について知っていることを室内で話し合い、また、それをもう一度、戸外に出て確かめてみる	国境と人の移動について話し合う。難民・亡命者・他の国から来た人々など。どうしたら新しい環境に慣れることができるか、なぜ国境を越えて引っ越しをしないのか
住まいとしての地球	聖書の天地創造の話について話したり、聞いたり、想像したりする	非常に特殊な場所での住み方・働き方について、できるだけリアルに考えてみる。火山の近く、小さな島、100万都市など
	自分がよく知っている場所とは全く異なる場所に住んだりそこで働いたりすることについて、できるだけリアルに想像して話し合う	マルコ・ポーロやコロンブスなどの発見旅行について学ぶ。また、それを、発見された「（現地の）人々」の立場から見直してみる
	1日を通じて「太陽の道（動き）」を観察する	非西洋の人々の地球とのかかわり方を学ぶ。ヤノマミ族、シアトル長官、北インドのチプコなど、宇宙船としての地球、母なる大地など
		「10乗」（べき指数）の知識をもとに、宇宙の広さを知る。月や星を観察し、太陽系についての情報を集める
		自分の地域について、土地利用の様子を描き、特徴を示す

空間の秩序	ある場所にどんなものがどんなふうに立っているかを一緒に観察し、もっと改良できないかを考えてみたり、配置をし直す計画をしたり、その結果どんな成果を生むかなどを話し合ったりする	近隣地域の改善計画という考え方をもとに、何について誰が決定し、それについて、普通の人はどんな影響を与えることができるかを考える
	学校から体育館までの道をよく観察し、交通安全という観点から評価してみる	空間に関するコンフリクト（都市拡張計画や道路敷設など）について、さまざまな異なる立場をとってシミュレーションする
	遊び場（広場）の設計や改善について案を出す。どうしたらその案を実施できるか。できれば模型を使って案を目に見える形にしてみる	校庭の企画をし、維持・管理する
	学校の周辺を散策し、そこに住んでいる人たちが、どういう土地利用をしているかを観察する。また、その様子を地図を作ってまとめる	土地利用の基礎づくりとして、土地利用の要素ごとに区別する
		自分が住んでいる地域の土地利用とほかの地域のそれとを比べる
		図や絵の描かれた本を使って土地利用の変化をたどる
		今学校が立っている場所には、昔は何があったのかを調べる

作ること・使うこと

	中学年グループ （6〜9歳）	高学年グループ （9〜12歳）
働くということ	農場を訪れ、そこで行われている仕事の様子を観察したり、一緒にやってみたり、農家の人たちと仕事について話をしたりする（できれば数回に分けて違う季節に）	工場を訪れ、そこでの仕事の様子を観察し、さまざまな人と、その人たちの仕事、労働環境、労働条件、役割、職種などについて話し合う
	庭仕事をする	いくつかの企業の空間的な関係を再現してみる。原料の出所と運搬、生産物の行き先と運搬、買い手がいる場所など
	（低学年グループよりも）もっと複雑な生産プロセスを、マニュアルやレシピも含みながら、そのとおりに見直してみる。たとえば、パンケーキについて、麦のタネをまくところからのプロセスや、穀物から小麦粉が作られる過程や、羊の毛から一枚の毛布になるまで、など何かから何かまでのプロセスを学ぶ	いろいろな種類の職業（生産、サービス業など）について、職業オリエンテーションとして勉強する
	家庭や学校での「男」の仕事と「女」の仕事について、普通はどんなふうかとか、ほかの仕事分担の仕方もあるかとか、時々起きる変化などについて話をしてみる	第1次資料や第2次資料を使って、典型的な男の仕事、女の仕事について、現在・過去・未来という観点も含めて話し合う
	家事をひとつの「仕事」とみなして調べてみる	簡単にできる熱い食べ物と冷たい食べ物を自分たちで作ってみる。その際に、料理の過程で起きる自然または化学的なプロセスを理解しながらやってみる
	家事について一定の観点から調べてみる。たとえば、洗濯は、歴史的にそのやり方がどう変化してきたのか、など。実際に自分でもやってみながら	さまざまな液体の性質について遊びや実験をする。混ぜる、溶かす、浮くなど
	固体物（砂糖・塩・砂など）を水に溶かしたり、混ぜたりして何が起きるか試してみる	身近なところで起こる物理的・化学的な変化のプロセスをよく見る（溶かす、固める、揮発させる、錆びる、結晶する、石鹸を加える、焼くなど）。可逆的な変化と不可逆的な変化の違い

働くということ	水を沸騰させ、その様子を注意深く観察する	労働と労働環境について、昔はどうだったか、児童労働や奴隷労働についても調べる
	学校のなかでの奉仕活動：クラスの日直その他の奉仕活動。何かを計画したり成果を評価したりすることに参加するといった活動も	人々にとって仕事はどれほど重要かという問いについて調べる。教室のなかでの仕事、保護者・労働不能者・失業者にとっての仕事、無報酬の仕事、目に見えない隠れたところの仕事（たとえば家事や育児など）、また意図して少なく働こうとする人や、キャリアを積むことに一生懸命になって働く人にとっての仕事、など
	協働ということを経験する。調査・企画・何かを作るときなどに、役割分担をしてグループ活動をしたり、協力的に仕事を進めたりする	具体的な目標のあるバザーを、資金の準備も含めて企画する。コストを賄うために、何かを配達するなどして収入を得るなど
	学校の中や外で、障害のある人に注意する：話をする、その人の立場になって考えてみる、障害があるということについて考えてみる、それについて学ぶ、など	手工業生産と機械生産を比べる。できれば、手工業で作られたものと機械生産品として作られたものとを実際に見ながら
	子どもにもわかる職業をいくつか選び、それらの職業についてオリエンテーションをする	労働における倫理的なジレンマについて話し合う。たとえば「あなたは屠殺場で働きたいと思うか？」など
		学校のなかでボランティア活動をする。たとえば、幼児クラスの子どもたちの世話をするなど
消費するということ	自然の恵みを使って生きている人たちについて想像してみる。今と昔について、可能な限りシミュレーションをしてみる。それについてみんなで意見を交換するなど	お金を集めそれについて調べる。1セント〜1,000ユーロまで。 金融制度について学ぶ：金の循環・収入・価値・為替など
	食糧がわずかしかない人たちのことや断食のことについて想像しながら、最小限の食品摂取量で1日を過ごしてみる	話を聞いたり、そのほかの情報源を使ったりなどして、お金のない社会について学ぶ。どこか世界のほかの地域、昔のことなど。想像したりシミュレーションしたりする
	子どもたちのお金の使い方について調べてみる。比べる、選択肢を明らかにする、広告や流行の影響を考える、など	自分が買い物をする場所を調べてみる。リストにする、調べる、図式化する
	親が日常的に買い物をしている店について調べてみる。どの店か。なぜその店に行くのか	予算づくりのシミュレーション。選択をし、その帰結を受け入れるということ。もしもあなたが〇〇〇ユーロ持っていたなら……（1日あたり、1週間あたり）
	物々交換（サービス交換も？）について	朝食のテーブルに並ぶ生産物（チョコレートペースト、マーガリンなど）の経路を再現する。それらはどこから来たのか、朝食の食卓に届けられるまでの間に、どんな仕事が加えられているか。誰によって、どんな条件のもとで？
	日用品を買う場所を調べ、価格を比べてみる	使用期限と食料品の保存についての勉強（実験したり、消費者情報を使ったりするなど）
	自分と同じ国の人たちが使っている食糧を調べてみる。エキゾチックな産品、特徴・味・味の違い・入手法・価格・その食べ物への好みなどについて	キッチンにある、いろいろな白い粉について、その性質を調べ、比べてみる
	「もしもお金がなかったら」についてシミュレーションをしたり、遊びの形で学んだりする	家庭生活のなかの、いくつかの日常的なニーズについて（十分きれいな水、十分によい食糧、暖かさ）、昔（今世紀の初め、前世紀、1000年前など）の人たちや地球上の全く異なる場所、全く環境の違う場所ではどうしているのか、そのようなニーズをどう確保しているのか、自分たちの暮らしや、今の暮らしと比べてみる

消費するということ	中古品を買ったり使ったりすることについて話し合う	世界の製品を売っている店を訪れ、第三世界について話し合う。その国の人たちは、いったいどんな気持ちで暮らしているのだろう
	食料・衣料・日用品がどこから来ているのかについて考えてみる。「店から」ではなく、できるだけ、元をたどる	「幸福」について自分の考えを述べたり表現したりする。ほかの人が考える「幸福」について調べてみる
持続可能性	自然から集めた材料で食べ物を作る	学校キャンプやテーマ週間のときに、石器時代の人々はどのように暮らしていたのかを、できる限り自然の素材だけを使って、実際に体験的に学ぶ
	自然の素材で、何か使えるものを作ったり、ほかの使い道を考えたりする	環境に優しい庭づくり。食料を育てる(作る)さまざまな方法を比べる
	ゴミを集め、種類に分け、それについて調べる:ゴミの出所、腐敗するかどうか、など。ゴミ掃除アクション、出所調べ(ゴミを出さないためにはどうしたらいいか)など	学校のなかにある日用品としての材料やものについて学ぶ。糊・紙・インク・マジックインキ、など、環境に優しいかどうか。クラスや学校で作る「環境の本」に書き込んでいく
	家や学校の廃棄物の流れを調べる。ゴミを出さないためには? 分別の仕方など	さまざまな物質の酸性度を調べる(雨水など)
	野生の自然・花・植物につく雫などの小さな現象を楽しむ。そして、人工のものとの違いを考える	自分が住んでいる町や村の交通や運搬法について、環境に優しいかどうかという観点から調べる。住環境と遊びの空間の質について
	校庭でコンポスト(堆肥)を作る	オルタナティブな生き方をしている人々を探し、どう暮らしているかを調べる。そういう人たちの暮らしは、退屈だったり面倒だったりするのではないか? 次のことを考えてみる:少なく働くということと、もっと楽しむためにお金を稼ぐということ、廃棄物をできるだけ出さないようにする、水を節約する、エネルギー消費量を減らしたりほかのエネルギー源を使ったりする、食糧の供給、交通、運搬方法など。子どもたちと、親たちとは、これらのことについてどんなふうに考えているか(考え方が違うか)
	収穫を妨げる植物や動物の駆除や、肥料をやるなどの際に、環境に優しい庭づくりの工夫をする。そこで起きる倫理的なジレンマについて話し合う	肉を食べるか食べないか(またはより少なく食べる)について話し合う
	リサイクル紙を作る	
	収穫祭を祝う	収穫祭を祝う

技術

	中学年グループ (6〜9歳)	高学年グループ (9〜12歳)
建造	接合部分に留意して建物を作る。いろいろな建材や材料を使って	自分の周辺地域の様子を、とくに、建設物・建物(重厚性や安定性など)の観点から見てみる
	建物がしっかりと建つようにする。紙・ホッチキス・厚紙など柔らかい素材に留意して	安定性の高い建物を作る。その際に、強化のための技術(三角形による安定など)に配慮する。実際にものを建てることと、設計することとを交互に実施する
	建物を作る際に、彎曲した橋、石を順に積み上げていくなど、とくに形状に注目する	小グループごとに、それぞれ異なる材料を使って建物を作る。安定性の問題が、各グループごとにどう解決されているかを比べる

建造	大きな箱で家を作る。家屋のなかの動く部分に留意して（ちょうつがいなど）	幾何的な図を拡大したり縮小したりする
	道が交差している都市や、都市の一部を作る。ここでも、種類の異なる交通手段同士の関係に配慮して（自転車と歩行者など）	世界各地にある大きな建物（超高層ビルや橋など）についての情報を集める。集められた情報をもとに話し合う
	建物を設計する。子どもたちは自分で材料を選べる	家具をよく見て、それがどのようにして作られ、どんな構造になっているのかを見てみる
	学校や家のなかにあるもののつなぎ目、開閉の様子などをよく観察する。できれば図に描く	模型作りをする人を招き、それについて話をしてもらう
	家やビルなどの建物が建っていく様子を時間を追って観察する。どんな仕事が行われているか、建設のどんな段階か。自分でいろいろな技術を試してみる。たとえば、壁塗りをしてみる、いろいろな建材を集めたり整理したりしてみるなど	衣服を、布地の組み合わせという観点から見る。それとともに、布地の作り方（織る・編む）、布地の組み合わせ方（縫う・貼るなど）、修理する（繕う）という観点に配慮する
		衣料デザイン。新聞紙を利用して、まず形を作ってみる
		飛行物を作る（グライダーなど）。材料と形に注意
		映像編集機を使う
		自分の身の回りにある芸術作品を見る（その構造、材質、組み合わせ方などに注目して）
		自然のなかにある安定性のための現象について、本物を見たり、写真（図）を見たりする
		自分の土地と、よその土地にある建物と建材（たとえば、枝を集めて作った小屋、氷のブロックを使った建物、煉瓦やコンクリートの建物など）
		現代の建物を、歴史的な発展という観点から見てみる。建築スタイル・材料・建設の原理など
		さまざまな異なる部分から全体を作る。たとえば、粘土の塊を集めて何か実用品を作るなど
機械と道具	歯車を動かして遊んでみる	動くものを作る（操り人形・ロボット・機械）。動作の原理を見る。また、早く動かしたり遅く動かしたりすることについても考えてみる
	前進する車両を作る（歯車や輪ゴムを使う、レゴやフィッシャーの技術玩具を使うなど）	模範例を見ながら、運搬車を作る。運搬車をいろいろな方法で前進させる（エネルギー源）
	道路の上、水の上、空中（ロープウェイなど）、線路の上を動くモデル車両を作る	自転車をよく見て、その仕組みを学ぶ。構造・力の作用・スピード・潤滑油など
	動力の図を使って動くものを作る	滑車について遊んだり話したり勉強したりする
	楽器を使って演奏する	さまざまな店や企業に行き、その機械施設を見る
	ブラシ、匙などの道具を集め、その利用について調べる。形状と機能と材質の関係に注目する	さまざまな道具を、人間の身体の仕組みと比べて見てみる（手から発達したものとしてのハサミ、息を吹くのに似たポンプ、指で挟む代わりに使う洗濯バサミなど）
	いろいろな道具（またはその図や写真）を集め、利用目的や形状を分類してみる	電気モーター（レゴ）を使って動くものを作る
	機械の動きを表現する（遊び）	テコの原理について一定の期間、学んだり遊んだり話し合ったりする（たとえば、何かを持ち上げるなど）

分類		
機械と道具	簡単な気候観察の道具（器具）を作り使ってみる	動くおもちゃを観察し、動作の仕組みについて話し合う。いろいろな絵や写真を集める
	バネばかり、天秤、手紙の重量ばかり、体重計など重さや長さを測るものを使い、観察したり、実験したりしてみる	グループで手分けして、自分たちの身の回りで使われている、何か重要な機械を発明した人についてレポートを書く
	書くための道具を集めて調べる（たとえば、発見テーブルを作って、ここに、さまざまな書くための道具を置いておく：羽根ペン、ボールペン、細字用ペンなど）	障害者のための技術的な介護器具について見てみる。目の見えない人のための杖、点字機、補聴器、メガネ、車椅子など
	時間を計るためのさまざまな方法を見て使ってみる。水時計、ろうそく、ストップウォッチなど	長さを測ったり重さを測ったりするための器具を使って遊んだり学んだりする
		何かが起きる時間を計る器具を作る（たとえば振り子を使うなど）
大きなシステム	学校や校庭で、照明・暖房・下水設備などについて、元になっているもの、配線・配置などを、家での様子と比べながら調べる	身の回りの環境のなかで、照明・暖房・下水設備など大きなシステムを探す。近所にあるもののなかで、どんな外見のものが見つかるか
	自分の身の回りにある交通網を調べ、さまざまな種類の交通安全の装置、インフラストラクチャーの特徴などに注目して、模型を作る	大きなシステムについての情報を集める
	身近なところにある、大きなシステムの使い方を学ぶ。何のために私たちは、電気やガスや水道を使うのだろう、など	自分が住んでいる地域や国の交通システムについて、交通安全という観点から、観察し、話し合い、学ぶ
		自分が住んでいる地域の電話コミュニケーション網について観察し学ぶ
原材料とエネルギー	火というテーマについて学ぶ（どんなときに火が見られるか、材料、火の使い方、火を起こす、火にまつわる話など）	入手しにくい材料、たとえば硬いプラスチック・金属・ガラスなどについて見たり使ったりする
	いろいろな材料を使って遊んだり、何かものを作ったりし、材料の特徴を比べる実験をする。この段階では、石、硬いプラスチック、木、金属などの硬い材料も使う	材料の持っている意味について、歴史的な観点から情報を集めて話し合う。石器時代・鉄器時代・青銅器時代など
	空気（風）を使って遊んだり何かをしたりする。空気がどんなふうに役立っているか、役立たせることができるか	灯をともす。電気回路・切断・絶縁・材料など
	水の力を使って遊んだり何かをしたりする。浮き沈みについての実験	さまざまなエネルギー源で遊ぶ（太陽・落水・バッテリー・風）
	土（泥、砂など）を使って遊んだり何かを作ったりする。これらがどんなふうに役立っているか、役立たせることができるかを考える	材料が錆びると消耗することについて話し合ったり学んだりする
	自然のなかにあるいろいろな原材料について学ぶ。材料を集め比べる。枝は木から来たもの、茎はどこから、など	模型を見ながら動くものを作り、さまざまな方法で前進させる
	キット（隙間埋め材）や糊、壁塗り材、釘などいろいろな種類の接合剤を観察する	「エネルギー源としての地球」に関する情報を集めて話し合う
	造形に使われるさまざまな材料やテクニック（スケッチする、色を塗る、彫刻する、布の形を作るなど）について比べてみる	熱を起こしたり、熱を使ったりする方法について調べる
	皮革・布などの素材について、そのために特別に作られた機械やテクニックを使ってみる	さまざまなエネルギーの形（熱・音・光）をメーターを使って測ってみる

原材料とエネルギー	スポーツのための器具類、とくにさまざまな種類のボールについて、その特徴（バネの力、弾み方）に注目しながら調べてみる	
	体育の時間に、とくに、さまざまなエネルギー源や力（手をつないで引っ張る、すべる、人の力、落ちる力など）に注目する	
	磁石の力を使って実験する	
	ランプと電池を使った実験。電気回線を作る。簡単な懐中電灯	
	軽電流で動くモーターと（レゴなどの）建材を使って何かを動かしてみる。まず例を示し、それから、子どもたち自身がほかの使い道のための利用法を考え、図に表して自分たちで考える	
	学校や家庭のさまざまな器具について、それがどんなエネルギー源を使っているかについて、よく見たり話したりする	
	水が沸騰する様子を観察し、水のいろいろな状態について調べる（流体・気体・固体など）	
	鏡（平面、凹、凸）を使って遊んだり何かをしたりする	
	レンズを使って遊んだり、何かをしたりする	
	動くおもちゃを使い、その動きに抵抗するものやエネルギー源などとの関係から観察する	
技術を使うということ	家や学校にある機器を観察する。使い道、機能、役に立つか、必要性（それがなくても問題がないかどうか）、エネルギー源、耐用期間、材料、エネルギー節約（耐熱材）などに注目して	簡単な器具を使ってみる
	示された問題を解決するために簡単な道具を自分で作る。まず設計し、それから自分なりの材料を使って作ってみる	学校や家庭にあるなじみのある器具について、使い方のマニュアルを作る
	ものを部品に分解する	
	自動で動くものについて調べる。それを使って遊ぶ	自分の家にある技術的なものを探してよく観察する。材料・価格・使い方など。その技術を使うとどう便利か、また問題や不便なことはないか
	たとえば電話が故障したらどうするか、というような状況について話し合ってみる。ほかのいろいろな道具についても	社会のオートメーション化について。どんなところにそれは見られるか。どういう働きをしているか
	建物をよく観察し、それらの外観の形状の美しさをテーマに話す。あなたは、何かについて、それをなぜ美しいと思うのか	写真・ビデオ・音声器具を使って話し合ったり学んだりする。その仕組み、問題点や便利さ、便利さと必要性、エネルギー源・耐用年数・維持・コストなどについて
	自転車をテーマに遊んだり何かをしたりする	コンピュータについて学び話し合う
	おもちゃを修理する。おもちゃの維持や修理についてよく見て学ぶ	社会における技術の役割について話し合う。どんなところで技術が使われているか、技術を作るための訓練、それを使って働いている人、技術のイメージなど

コミュニケーション

	中学年グループ （6〜9歳）	高学年グループ （9〜12歳）
誰かほかの人と、ほかの人の間に交じって	自分の学校について、色・絵文字・標識・ラベル・言葉・文・文章などで表現されたいろいろなメッセージについて探してみる	学校のなかで、何か意味のある標識を調べて分類する。印・絵文字・音など
	教員と子どもとの間のコミュニケーション（言葉によるものと言葉によらないもの）について観察し、話し合う	近隣で、何か意味のある標識を調べて分類する。印・絵文字・音など
	学校周辺を、言葉や標識によるコミュニケーション、たとえば、交通標識や広告などを集めながら歩いてみる	学校祭や地域の祭りなどで、探検ゲームをやる。暗号などいろいろなサインを使う
	身の回りにあるもののなかから、できるだけたくさんの種類の、書かれた、または印刷された情報を集める：たとえば、入場許可証・手紙・新聞・広告・ポスターなど	歴史上、人々はどんなふうに書き言葉でコミュニケーションをしてきたかについて調べたり比べたりする（文字の発達）
	お話を聞いて、その話を理解し、話の内容に自分を重ねて、著者が言わんとしていることが何なのかを考える（読みのサークル）	何かの文章を読んだ後で、コミュニケーションの観点からそれについて調べる。誰が書いたのか、誰のために書いたのか、意図していることは何か、どんなふうに書いたのか、など
	手紙を使って、お互いに課題を出し合う	同じメッセージを異なる方法で伝達する。たとえばジェスチャーで、言葉で、文章で、言葉を使わずに、など。いろいろな言語を比べてみる
	いろいろな方法で、文章を書いたり、それを複製（印刷）したりする（言葉遣いに注意する）	さまざまな種類のコード、すなわち言語システム・数字・計算で使う記号・絵文字・身振り・パントマイムなどについて話したり調べたり、使ってみたりする
	お話を書き、話の組み立てについて考える	ひとつの言語で話されたメッセージをほかの言語に変える。たとえば、書かれた話をイメージの話に置き換えるとか、伝えられたメッセージをコラージュで表現するなど
	身の回りにある数字について遊んだり学んだりする	写真という言語（伝達手段）について話したり学んだりする
	イメージ言葉、音、イメージと音などを使う方法がいろいろあることを知る	空間の言語（伝達手段）を読んだり使ったりする。図・モデル・パースペクティブ・地図・図面・地図記号・地図帳の記号・独自のシンボルを使ったさまざまな地図
	口頭でのコミュニケーションが中心的な役割を果たすことば遊びに参加する	情報源を読み理解する。列車の時刻表・登録書・電話帳など
	イメージを伴ったさまざまな話を見たり（一緒に）作ったりする。絵本、挿絵のある文章、漫画など	コンピュータを使ってほかの人と仕事をし、簡単なコンピュータ用の言語を使うことを学ぶ
	写真や絵について、それを情報源として解釈する	距離を乗り越えるための、さまざまなコード、たとえばモールス信号・光・旗信号・落書き・暗号などについて学ぶ
	体を使ったジェスチャー言葉で遊んだり学んだりし、後でそれを振り返る	自分の住んでいる地域で、色とそれが持つ意味の関係について調べる
	音楽を聴き、音楽とともにイメージされるものを考え、音楽に自分を重ね合わせてみる	「物と人」との関係について調べる。人とその人がいる場所はどのようにしてわかるか
	音楽（楽器や歌）を通して、感情を伝える	音楽用語について話したり学んだりする。ここでは、楽譜に書かれた音符などの記号に注意

付録4

誰かほかの人と、ほかの人の間に交じって	学校で、学級新聞や学校新聞を使って、出来事を伝える	感覚障害のある人とのコミュニケーション方法を学ぶ。たとえば、手話・ジェスチャー・唇の動きを読むなど
	テレビの子ども番組を見てその内容について話し合う	世界の言語についての情報を集める。言語の種類、重要な言語とあまり重要ではない言語、世界になぜたくさんの言語があるのかの理由など
	子どもたちのテレビ視聴行動について、話したり、調べたり、遊んだりする	「名前とニックネームの世界」について調べたり考えてみたりする
	視聴覚に障害のある子どもとコミュニケーションをする方法について調べる	新聞・ラジオ番組・テレビ番組を作る
	衣服が持っているコミュニケーション上の意味合いについて調べる。たとえば、職業のための衣服・制服・スポーツ着など	テレビ番組を見て考える。その際、画面と音声による効果、画面に映し出される画像と現実との間の関係などを考える
	ある地域について写真・絵・地図などで学ぶ	さまざまな方法のコミュニケーションをテーマに「催し」を企画し実施する
	グループのなかでのコミュニケーションに注意を払う	気持ちや感情を伝える手段としての「催し」の意味について経験する。悲しみと喜びの違いなど
	子ども電話の可能性について話し合う	さまざまな公的メディアのなかで、子ども番組について観察し、評価する
	暗号を使ってグループのなかでコミュニケーションする	コミュニケーションが持っているさまざまな機能について調べる。楽しさを与える・影響する・興奮させる・慰めるなど
	一人ひとりのロゴを作り使ってみる	人々が使っているいろいろなメーター（測定器）を調べ、どんなことがわかるかを考える。温度計・磁石・サーモスタットなど
	一定期間、身の回りにある数字を使って遊んだり学んだりする（数字週間）	言語・色・シグナル・魅力・目と目のコンタクト・身振りや顔つき・ほかの人や自分のオープンさなどについて調べてみる
自然と、自然のなかで	近くを歩いて、動物がいることがわかる「兆候」を見つける。鳴き声・羽根・糞など	自分の周囲にある足跡やシグナルを追跡し解釈する
	自然のなかにある色を、自然へのオリエンテーションの要素としてみる	野生の動物がお互いにコミュニケーションを取り合うさまざまな方法についての情報を集めて話し合う
	ペットの言葉について調べたり比べたりする	自然のなかで、植物はどんな方法で、自分の様子を示すことができるか調べてみる。葉がしおれる＝私は水が必要なのです、など
	自然のなかで、人がいたことを示す足跡や兆候を集める	自然のなかでの人の足跡を調べる。足跡、ゴミ、サマーハウスなど
	ペットの言葉や行動について遊んでみる	写真やビデオなどの画像を使って動物の言葉を理解する
	触覚や嗅覚のルートを調べる	鳥の鳴き声を聞いて比較してみる
		動物の行動の特徴を調べる
		自然のなかの色や匂いの機能を調べる

神々とのコミュニケーション	自然のなかにいろいろな神々を見出すどこかの民族の話を聞く	世界のさまざまな宗教で「祈りを捧げる」さまざまな方法・形式・内容・場所などについて学び、考えてみる
	さまざまな宗教のなかで、子どもでもよく知っている言葉や表現について集め話し合ってみる	さまざまな宗教における、祭り・記念日・儀式・シンボルなどを学ぶ
	子どもでも知っている宗教上のシンボルや儀式について学ぶ	さまざまな創世物語について聞いたり解釈したりする
	神を信じている子どもや大人と、その人たちの経験について話す。祭り・食べ物の習慣・衣服など	さまざまな宗教で使われている衣服やイメージを集め、それがどんなときに使われるのかを学ぶ。宗教で使われるいろいろな道具が持っている意味を調べる
		一定の宗教の信者の話を聞く。習慣や義務についての話など
		視聴覚機器を使い、自然信仰の儀式やシンボルについて学ぶ
		「聖なる場所」を世界地図の上で探す
		世界の宗教が世界でどのように分布しているかを調べ、その分布の原因についての情報を集める

共に生きる

	中学年グループ （6〜9歳）	高学年グループ （9〜12歳）
何かに属する（参加する）ということ	家族をはじめとし、さまざまな社会集団について比べてみる（ホンモノを見て、またはお話のなかなどで）。習慣・役割・余暇の使い方などについての違いや共通点などに注目して	個人で、または、集団で自分が属していると思う集団をリストアップし、コメントをする
	子どもたちと一緒に、それぞれどんな集団に属しているかを考えてみる（子ども会、クラブなど）	自分の国の家族や親族について調べる：都市に住む家族と村落に住む家族、異なる民族文化を持っている家族の共通点は何か（異文化共同の社会という観点から）
	身の回りにはどんなクラブがあるかあげてみる。どれ？　目的は？　参加している？	学校を一つの組織として見て、ほかの学校や組織（クラブなど）と比べてみる
	「個人的な」関係とビジネスライクな関係の共通点や違いについて、遊んだり学んだりする	よくある状況を想定して遊んだり話し合ったりする。何かを頼む・断る、褒める・褒められる、批判する・批判される、など。自覚的な行動という観点から
	簡単なコンフリクト状況について誰にとっても受け入れられる解決を探す（サークル対話のなかで、遊びで）	自覚的な態度が望まれる状況を実際にやってみる（プレゼンテーション、報告サークル、週の終わりのクロージングの会で歓迎の挨拶をする、初めての人にインタビューする、電話で情報を集める、展覧会のときに訪問者を案内するなど）
	友情と敵対というテーマについて遊んだり話したりする	役割についての見方（またさまざまな家族状況のなかで期待されているパターン）がそれぞれ異なるものだということを発見する。年上と年下、男の子と女の子、男性と女性という点に注意しながら
	自分たちの学校について特徴を調べたり、それについて話をしたりする（私たち感情）。自分たちの学校での共生や協働の仕方に注目して	時代とともに変わってきた役割行動について話したり学んだりする。たとえば、祖父母や両親にインタビューするなど
		役割期待についての分析と、それを通して、自分の意見を形成する

何かに属する（参加する）ということ		学校（または近隣）の共同社会のあり方について評価する
		次のようなことについて話したり学んだりする：教会に属す。何はするが何はしないか。誰かが何かに属しているということはどういうときに気づくか
		児童虐待・子ども（SOS）電話、近親相姦などの問題について話し合う
		人間と動物の社会生活について比べてみる
共に快適に生きるということ	いろいろな集団や組織のなかでの生き方についての違いや共通点などについて学ぶ	さまざまな民族的に異なる背景を持つ人を招いて、教室で話を聞いたりインタビューしたりする
	グループの規則や学校の規則を集め、それが適当であるかを話し合い、可能な限りよいものにしていく	偏見ということについて話し合い、子どもの世界と大人の世界について考える
	いくつもの異なるシチュエーションのなかで、規則の意義や規則同士の関係などについて調べる（公共道路を通行したり、買い物をするとき、公共交通機関を利用するとき、スポーツ、余暇の使い方など）	差別的な表現について見つけ、それを分析する（新聞・テレビ・広告・漫画・自分の身の回りの世界から）
	「誰がリーダーか」について経験を交換し合う。身の回りのいろいろな組織から始めてみる	私たちの異文化混合社会は、どのように、またなぜ生まれてきたのか。そして、それはどんな形になろうとしているのかについて調べる（情報源を探る、インタビュー、新聞記事など）
	警察を訪ねる	人々の話をもとに（ビデオも可）いくつかの宗教について、それぞれが特徴としているものは何かを発見する
	自分の身の回りにあるレクリエーション施設についてどんなものがあるかを調べ、それについて考えてみる。遊び場・図書館・クラブなど	さまざまな原初的（典型的）な社会形式について調べる。地域に典型的な社会形式、時代に典型的な社会形式、それらに共通していることや背景など
	自分の身の回りにある特定の集団への参加の可能性や制限などについて調べ、それについて話し合う。たとえば、高齢者・車椅子を使っている人・精神障害者・特定の民族集団など	自国に住んでいる人の権利と義務について子どもたちと話したり学んだりする。とくに、ほかの時代やほかの地域と比較しながら
	誰にとって生きやすくなるための特別のケアを一緒にしている人々、たとえば、医療にかかわる人たち、治安にかかわる人たち、市議会の人たち、クラブや公民館で仕事をしている人たち、など	警察署を訪れ、警察が何をしているか、どんなふうに仕事をしているか聞いてみる
	身の回りにいる動物たち、たとえば、家で飼われているペットがしてよいこと、してはいけないことについて調べたり話し合ったりする。人と動物がしてよいことを比べてみる	小さな犯罪（破壊行為・窃盗など）はどう対処され、その対処のためには、どんな人がどんな役割を担い、どんな種類の罰が与えられるのかについて（インタビューをするなどして）調べる
	「一緒に生きやすくする」ということについて、都市の暮らしと田舎の暮らしを比べてみる	民主制と独裁制の違いについて話したり学んだりする
		自分の身の回りについて、社会（人間関係）地図を作る（例を使って）
		福祉施設について、その施設で働く人たちはどのように働いているのか、そこではどんな要請を受けるのか、どういう援助をしてくれるのか、福祉施設の人に自分の状況を伝えるにはどのようにすればよいかについて、調べる
		健康管理に関するさまざまな立場の人（医者・定期的に訪問してくる校医・歯科医・保健所の職員など）について、シミュレーションをして、その人たちを訪問する練習をする

	中学年グループ（6〜9歳）	高学年グループ（9〜12歳）
共に快適に生きるということ		郵便局・図書館・市役所などに具体的な用件を持って訪れる
		市議会について学ぶ
		社会はどうすればよりよいものにできるかや、ほかの社会についてのイメージ、未来志向の社会像を考える
		自分が住んでいる地域の「施設や設備」について調べたり話し合ったりする
一緒に世界を作るということ	（さまざまな大陸の）子どもたちの社会生活についての情報を集める	何らかの文化を背景に持つ地域の日常生活を目に見える形（プレゼンテーション・報告サークル・展示会・劇など）で表現する
	「世界は一つ」のテーマにつながる時事を取り上げて話し合う（新聞サークル）	ヨーロッパや世界には、どんな規則や組織があるかについて、その利点と問題点について、調べたり話し合ったりする
	たとえば、フォスター・ペアレント、ユニセフなどの「世界的な（寄付や奉仕の）プロジェクト」に協力する	サスティナビリティ（持続可能性）、捕鯨禁止、世界の貧困など（新聞サークルなどで）「世界の問題」について話し合う
	たとえば「家族」のような基礎的な社会集団が、異なる大陸ごとにどんなふうに異なっているかを写真を使ったり、お話を使ったりして比べてみる	ある大陸について、展示・スライドショー・展示物・絵などを使って、その姿の大要を示す。各自の発表によって、共に「世界」の大陸の姿を比べる
		新しい、よい地球を想像し、イメージとして表現する
		フォスター・ペアレント、アムネスティ・インターナショナルなどの（世界的なプロジェクト）に協力する
		人口・宗教・資源・貧困と富裕の分布について、世界地図で確かめる
		グロビンゴ（グローバル・ビンゴ）遊びをする
		「平和」というテーマについて遊んだり学んだりする
		（自動車や食料などについて）それはどこで作られたのかについて、世界地図を描く。基本的に、自分のいる場所で入手できる生産品について
		子どもの権利とその実際の実現状況を確かめる
		世界の組織（国連・ユニセフ・世界自然保護基金など）について学ぶ

わたしの生

	中学年グループ（6〜9歳）	高学年グループ（9〜12歳）
わたし	自分自身の内面的なことについて話したり学んだりする。自分が知っていること、想像すること、重要に思うことなどについて、お互いに引き出し合う	ほかの人のイメージとの関係で、自己イメージについて話したり学んだりする。自己イメージについては、外見と内面とに留意する（私ブックを作る）
	自分の身体的な特徴について話したり遊んだりする。自分の身体の部位・成り立ち・働きなどについて（満足しているまたは満足していない）。自分の身体のさまざまな働きについてどうやったら測定できるか。例を使う	さまざまな表現形態を用いて、自分自身のイメージを表す（自分についての風刺的な表現も含め）

わたし	「わたしについての本」を作る。これまでの人生で起こった重要な出来事に注意して。いろいろな時期の出来事をポートレートにする。病気・好み・嫌いなことなど。今まで育ってきた間に、誰に助けられたか、自分は誰で、どんな人になりたいか	自分の将来の展望について話したり学んだりする。その際、進学や就職の予定についても含む
	わたしは、ほかの人を類型化し、ほかの人から類型化されている	自分とほかの人について、その特徴（外見と内面）を、生まれつきのもの、たとえば両親の地位、親族や同じ文化を共有する人たちの間に共通していること、いろいろ異なっていること、などの観点から調べたり、考えたりしてみる
	簡単なやり方で、自分の感覚を試す。たとえば、視力（視力表を使う）、聴力（聴力テスト）、触覚（ザラザラしたものやすべすべしたもの）、味覚、嗅覚（匂いを嗅いでみる）	自分の身体とほかの人の身体が、物理的な現象、たとえば、暖かさや寒さ、食べ物に対するニーズ、動き、傷などにどう反応するかを調べる
	自分の歯について調べる。歯の生え変わり・歯の種類・歯を綺麗に磨いているか、など	自分の感覚について話したり学んだりする。さまざまな感覚について、もっと多くの要素を調べてみる。さらに、異なる感覚同士の関係に注意を払う
	食べ物の吸収と排泄について話す。食物と飲料（健康な食事）、大便・尿・おなら・汗	動物との関係で、自分の身体的な要因について調べたり考えたりする。たとえば、歯並び・肌の反応・バランスなど
	自分の身体を清潔に保つということについて話したり、して見せたりする	自分たちの身体に必要なケアについて話したり学んだりする（保健・休息・リラックス・食料・運動など）
	自分が選ぶもの。自分が大切である、美しい、価値があると思う出来事やものについて	学校（または近隣）の共同社会のあり方について評価する。自分が経験したことのある怖かったことについて話したり学んだりする。たとえば、身体的な脅威（病気・感染・アレルギー・喧嘩）、精神的な脅威（心配な状況、諍い・喧嘩・精神的な虐待）など
		セクシュアリティと自分自身のセクシュアリティについてのかかわり方について話したり学んだりする（身体に起きる現象・感情・恋愛感情・同性愛と異性愛・セクシュアリティと生殖など）
		幸せな瞬間についての博物館を作る。それぞれ、自分にとって大切なものを展示する（たとえば、あなたにとって大切なものを集めてみましょう、という問いかけなどから）
		時事テーマを取り上げ、価値観や道徳について話したり学んだりする（自分が持っているジレンマ、自分はあるものについてどう思うか、ほかの人の暮らしとの関係）。きっかけになる話題は、週間ジャーナル（毎晩放映される子どもジャーナルを1週間分ダイジェスト版としてまとめたもの）から得られる
		美しいものと醜いもの、価値のあるものと価値のないものの展示会
		人間の発達段階について話したり考えたりする。たとえば、妊娠・出産・子ども時代・大人になること・死ぬこと・死んでしまった人など
人類	人間の発達過程をよく見て、それについて話し合ったり表現したりする。お母さんのお腹のなかでの成長、生まれるということ、子ども・大人・年寄り・死について（人生の区切りにあたる重要な出来事）	人間と動物との共通点と差異について話したり学んだりする。その際に、身体的な現象と、精神的な現象に留意する。感情や思考について
	人間と動物の違いについて話したり遊んだりする	人間の権利と子どもの権利について比較する。たとえば、プロジェクト学習のテーマにするなどして

人類	学んだり話をしたりする際の出発点として、人間の特別の特性は何かをあげる。考える・信じる・想像するなど。また、それについて表現する。考えているときには、脳がこんなふうに働いているんだ、など	人間の権利や子どもの権利について仕事をしているアムネスティ・インターナショナルやそのほかの組織の仕事について学ぶ
	倫理的なテーマについて話し合う。人間はどういうふうにして、何がしてよいことで何がしてはいけないことなのかを知るのか。道徳的な判断とその基準は何か	人間であることについて、昔と今ではどう違うかについて、いろいろな例をあげて話したり学んだりする。また、将来の展望についても注意を払う。民族集団、人口密度、身体的な要素、人間とロボットなど
	子どもの権利について話したり遊んだりする	具体的なイメージを使って、自分の場所とそのほかの土地の人間や子どもの発達について話し合ったり学んだりする。共通点と差異、可能性と脅威、価値観と選択肢など
	「どの子もみんな一人ひとり違うがみんな人間だ」というテーマについて、学んだり、遊んだり、表現したりする	
	身体障害がある子どもたちとさまざまなかたちで触れ合う。障害者や障害児とどうかかわるかについて学ぶ	
大人たち	私たちにとって重要な人は誰かという問いについて話したり学んだりする。地域の人、国の人	50人の偉大な人物の伝記について学んだり調べたりする。イエス・キリスト、ブッダ、モハメッド、学校の名前を命名した人、ウィレム・ファン・オラニエ（オランダ王国の始祖）、皇帝、王などの歴史上の重要人物
	独自のライフスタイルを持っている人について、その人を訪ねたり、教室に招いたりして、学ぶ	私たちが重要であると思う人について話す。私たちが「重要」と考える基準（価値観）は何なのか？

空間

	中学年グループ （6〜9歳）	高学年グループ （9〜12歳）
空間感覚の発達	周辺のいろいろな場所を認める	近くにある建物や大きな空間について、その雰囲気を記述する
	さまざまな空間の性質を認める。危険な場所など	周辺やオランダのほかの地域にあるレクリエーション地区について、なぜそこは快適な場所なのかを考える
	イメージ化された空間（図や写真）について考える	10乗（べき数）について
	空間を最大限に使う（ダンスや体操など）	宇宙空間を認知する：星座図、サテライト写真など
	地球をもとに、宇宙について学ぶ。宇宙の写真などを使って	観光地について、なぜ魅力的なのか
	もしもこんな場所に住んでいたなら？（南極・砂漠・トルコなど）	障害者にとっての空間経験について考える
空間の価値とその利用法	地域の土地利用をよく見てみる。なぜここにこの建物があるのか、など	自分がいる場所やそのほかの場所にあるいろいろな場所について、体験的に比較する
	地域における空間のいろいろな機能を見る（住居・仕事場・遊びの場所など）	地図や絵などに基づいてほかの場所の様子を理解する（もしそこにいたとしたら……）
	地域のなかで、子どもたちのための空間がある場所	学校のなかのいろいろなものの配置の決定に実際にかかわり、校舎のなかや外の空間をよりよく維持・管理するようにする
	自分自身の空間（学校や家庭）のインテリアの配置を考える	土地利用の仕方と、その価値について確認する

	周辺の地域における変化	
	空間についての評価	
空間的な思考の発達	身の回りの物事や現象の場所を確かめる	境界と地域の関係
	教育的な意図を持って準備されたルートを歩いてみる（ルートとものの位置）	高さ・奥行き・形・大きさなどによってものの大きさを詳しく知る
	距離・高さ・深さ・形・大きさ・尺度など、空間的な理解を発達させる	たくさんの種類の形をあげ、数学的にその大きさを比較したり記述したりする
	点・線・面による位置の決め方	鏡に映した図を描く
	ものについて、多面的な立場から見る・その見え方を想像する	回転図を描く
	積み木などのブロックで建物を作り、それについて話し合う	影を映す
	文章や物語から、文や絵で表された空間を想像して理解する	空間的なパターンを認める
		対称について学ぶ
		ブロック建造について
		平面を埋めるということについて
空間を測定することを学ぶ	距離の測り方を学ぶ	土地や海面上で測定する（距離を測る）
	無作為に用いられる尺度と標準化された尺度とを比べてみる	空間のなかで測定する
	容量の尺度を学ぶ	高さと奥行き（標高図）
	面を埋める（さまざまな尺度で表面積を測る	ものの容量、測定値のグラフ化
	一定のルートを歩いて長さを測り、それを方眼紙の上に再現する	尺度を理解する
	よく使われる測定器具を見てみる	10乗（べき数）の使い方
	何らかの状況設定のなかで何かについて測定する	異なる単位を用いて表面積を計算する
空間を表す（図を使って）	図を使ってルートを再現する	文章に出てくる話のなかの空間を、地図のイメージと比べる
	図の上で距離を推定する	絵や写真を見て、その様子を空間的に記述する
	絵を見て、それらのある場所を比べる	
	観察箱を作る	
空間を表す（地図を使って）	自分の周辺を頭のなかで地図にして想像する	すでに存在する地図を使っていろいろな種類の地図の見方を学ぶ
	周辺地域の地図と航空写真を比べてみる	サテライト写真を見て、地図と比べる
	何らかの文章を示し文章からルートを想像する	磁石と尺度計の使い方を学ぶ
	市内地図	テーマごとの地図を比べる
	点・線・面をもとに地図を作る	オランダ・ヨーロッパ・世界についての基本的な知識
	架空の場所を地図に表す	

空間を表す（地図上の形状で）	図に表わされた島を認める	
	周辺地域の簡単な地図で、場所の名前や、山・川・海などの場所を確かめる	オランダやそのほかの国々の簡単な地図を描く
	オランダの概略的な地図を描く	地図帳の使い方を学び、実際に使ってみる
	地球儀上で場所を確かめる	
空間と社会	周辺にあるいろいろな場所の機能。工場やオフィスなどはどこにあり、なぜそこにあるのか	世界のなかで、繁栄している地域はどこにあるか
	市や町（自治体）の役割分担について。誰が、どこに、何が置かれることを決めるのか	ある地点からここまでの交通の流れを知る
	都市と村落の暮らし方を比べる	国境と支配地域
	いろいろな都市や村落の形について、古い・新しい、退屈・おもしろいなどについて考える	国際組織について学ぶ
		この場所やそのほかの地域にある、聖なる場所を調べる
空間と自然	周辺にある植物や動物のいる場所を確かめる	世界のなかで燃料と鉱物資源の発掘される場所を調べる
	動物の縄張りを調べる	世界における動植物の分布を調べる
	周辺のビオトープ（生態圏）を調べる	自然の形状、形状と機能の関係を学ぶ
空間と時間	スポーツや遊びのなかで、スピードという要素を取り入れる	異なる文化における空間のイメージを調べる
	距離の尺度の歴史を調べる	歴史における空間のイメージを調べる
		空間の測り方の発達を調べる
空間についての哲学	パースペクティブ（遠近）は本当に存在するのか	生きた感覚としての空間と、測定された空間とを比べる。本当の空間とは何か
	時間と速さ、時間と距離について話し合う	限りがあることと、限りがないことについて考える
		忘れられた空間、夢と空間

時間

	中学年グループ（6〜9歳）	高学年グループ（9〜12歳）
自然のなかで時間を測る		長時間継続して、影の長さと太陽の高さを比較する。比較する、可視化する、平均ということについて。毎日また毎月のサイクルを観察し、それについて話し合う
	日時計を作って使ってみる	星座を観察する
	昼間、太陽の位置を観察する。また、異なる日、異なる季節、とくに夏至や冬至の頃に太陽の位置を観察する	「宇宙のなかの地球」ということについて読んだり、見たり、想像したり、話したりする
	水時計を使ってみる	日付けゾーン：想像したり、時差を計算したりする
	サマータイムとウィンタータイム：自分自身や大人たちは、どうしているか、経験について話し合う	この猫は何歳？　動物と人間の年齢を比較する

付録4

		宇宙のなかの距離。光年を計算する
時間とのかかわり、昔・ほかの場所		もし古い木が話をすることができたなら、この木は今まで何を見てきたのだろう？
	まだ時間がなかった時のこと：時計のない日を経験し、その経験について、お互いに比べ合ったり、そのことについて考えてみたりする	時間の計り方の歴史、シミュレーションを使いながら
	夏と冬、昔と今：年長者に話を聞いたり、そのほかの情報源を使ったりして	時間を計るということと宗教との関係を話す
	今と昔の日課：遊び・お話・イメージ・表づくり・会話など	ある時代の子どもを想定して、その子の1日・1週間・1年について、調べる、想像する、それについて作文する、話し合う。もし自分がアフリカに住んでいたとしたら、どんな1日を過ごすだろうか？ ホピ族（アメリカ・インディアンの部族）だったらどうだろう？（グループ学習にしてもよい）
	カレンダー	読みのサークル「モモ」「リトル・プリンス」など、時間に関するお話
	相違・比較・話し合う	ほかの場所の季節。旅行者としての体験
	あるものをどれくらいの期間使うか、について。保存する・捨てる・流行などについて考える	カレンダーをほかの土地のものや昔のものと比べる。年の数え方、その背景など
	会話・インタビュー	ものを保管する・維持する・保存する。昔のものを見てそれについて話し合う
	食べ物の保存方法、昔と今：インタビューをしたり対話をしたりする	
時間についての哲学	針のない時計？	タイムマシーンを使って時間を旅する
	数字ではなく、絵が描かれた時計？	すべてのものは、本当は変わらないものなのか、それとも、すべてのものは、確かに変化していくものなのか。何が「本当」のものか？
		夢や想像のなかの時間
循環する時間を学ぶ	自分の木を決め（低学年の時よりも）もっと頻繁に、もっと正確に変化を調べる	ある木や場所を自分の担当するものと決めて、その変化の経過を観察する
	自然の暦を作る。天候による変化、そのほかの季節の現象を追い、記録し、それについて話し合う	1年間の暦を作って使う
	眠ることと起きていること、休むことと働くことについて、学んだり、遊んだり、話し合ったりする	さまざまな職業の労働と休養、シフト労働などについて調べたり話し合ったりする
	年中行事を祝い、それらの行事の歴史的背景について調べてみる	年中行事を祝う
	蝶やミミズなど、動物の一生のサイクルを追って、その変化を記述する	動物（とくに昆虫）の一生のサイクルを調べる
	客観的な意味また情緒的な意味での、明るさと暗さについて、遊んだり、学んだり、話をしたりする	人間の一生を季節にたとえて見てみる
線型的な時間を学ぶ	動きや変化を想像する	とても短い時間に起きる出来事について時間を測定する
	□□□（何かあること）についてどれくらいの時間をかけるか？ 時間を推定したり計ったりする	どんなことには時間がかかりゆっくり進行するか。どんなことは短時間で速く進むか。それはどうすればわかるか
	時を計るためのさまざまな道具を使ってみる。それらの長所と短所は何か	ちょうど〇〇分（たとえば1分）かかる動きを企画してやってみる

線型的な時間を学ぶ	時計とカレンダーで時間を計算する	「べき」指数で増加カーブを描くものについて学ぶ、遊ぶ、考える
	もしも……だったら、どうなるか予測しよう。その結果がどうなるか見てみる	もしも……だったら何が起きるか。原因と結果について（実験的に）予測し、実際に試してみる
	未来について、どうすれば知ることができるだろうか	単純な原因と帰結について見てみる。自然界や人間の世界で起きることについて想像したり、実際に観察したりして
	「古い」って何？ 古いと思われるものから順番に、ものを整理してみる	自分の周囲の地域の将来の計画について学び、それを評価する（たとえば25年くらいの期間にわたる計画に関して）
	人間の暮らしについて私たちが知っていることは何か。10年前、20年前、50年前、100年前はどうだったか。どうしたらそれを知ることができるだろうか。過去をたどるということ	できるだけ昔のことをたどる。学校の周辺の地域は昔はどんな風景だったのか
	自分の周囲の地域は、昔はどんな様子だったのだろう	年の数え方を比べ、計算し直してみる
	自分の周囲の地域の変化について考えながら、本を作る（「引っ越した家」など）	自分の身の回りで見つかる何らかの年の数を探し、その年にまつわるいろいろな話を見つけて考えてみる。それぞれの年ごとに、出来事や話の本を作る、など
	自分の周囲の地域の様子について、時間や交通手段などの観点から見直してみる	空間（森林・庭・建物など）の計画を学ぶ。それらは将来どうなるのだろうか。シナリオを考えるなどしてみる
	自分のライフストーリーと、大きな歴史や家系などについて考える	スピードを計算する（自動車など）
	「時間を超えて」というテーマで（昔を振り返る、時間の一貫した流れで見る）	反応のスピードを調べる
		動きのない絵を何枚も重ねて、動画を作る
		時間表（歴史の年代表など）を正確に使う
		昔の子どもたちの日常生活を、できるだけ正確に考証・把握する
		今と昔の、将来についての予測がどのように違うかを学ぶ
期間を区切ることを考える	世代ごとの暮らしの特徴を比べる（親・祖父母・曽祖父母など）	歴史のなかの時代ごとの詳細な姿について学び考える
	歴史上の大きな文明期についての概略的な特徴を学ぶ	歴史のなかの3つの社会形式
	時代の流れを描いた年表について学ぶ	古いものについて、どの時期のものか、歴史的な期間を区切って分類整理する
		1年について、暦上の季節の区切りと、実際の季節の変化とを比べる（違う年のクリスマスやイースターの気温を比べるなど）
		地球の歴史において、いろいろな時期のイメージを形成する。化石、模型、お話などを使って
循環する時間	個々の子どものため、または、グループの子ども全員のための年間カレンダーを作り、それに沿って実施し、話し合う	自分自身の時間区分の仕方（時間の使い方）について振り返ってみる。学校や家庭での時間のリズム
	日時を決める	季節と共に生きるということ
	時計を見る	カレンダーを作る

循環する時間	季節と共に生きる。散策する、一定の場所を訪れる、感じる、愛でる	
	植物や動物の世話をする	
	清潔を保つための仕事：掃除する・片付けるなど。また、それについて考える	
	今の季節に戸外で見つけた花を活ける	
	年間の祝日を祝う	
線型的な時間	家族の活動を計画する。テレビを見る時間など	自分の学習の週計画を立てる。それを実施してうまくできたか自分で評価する
	時計や計画表を使って、学習時間内に計画された活動にかかる時間を推定しながら、1日ごとの役割を計画する。それについて反省したり評価したりする	複雑なイベントを準備する。招待客のために、お祝いの食事を準備したり、ネットワークをつくって計画したりするなど
	複雑な手続き・ステップをひとつずつ踏みながら手続きを進めるということ	将来の職業についてのオリエンテーション：未来について感じたり考えたりしていることについて話し合う。悲観的か、それとも楽観的か？
	何かをするために時間をとるということ	「幸福」とは何かについて話したり表現したりする
	成長・変化・年をとる、といったことについて、定期的に測定しながら考えてみる	以前、あなたはどんなことに愛着を感じていたか
	他の人を助ける（手伝う）ために時間をとる	対話テーマ：流行はどれくらい大切なものか
	学校の中で、または外で「待つ」ということや「飽きる・退屈する」ということ、また、それについてどうしたらいいかについて話し合う	靴などを大切に使う。ものの使用期間について
	「昔のもの」、自分がとくに強くかかわっていることについて、展示会をしたり、話し合ったり、作文を書いたりする	人生設計を現実的に行う。飽きてしまわないための人生設計とは
公共・共有された時間	時間を守るということ、学校の活動を時間どおりに進めるということ	公共交通機関の時刻表を使う
	学校で使われている時間割についてインタビューする。時間割を作るときに必要な調整などについて話し合う	グループで計画した時間割に参加する
	開始の時刻、終了の時刻などについて学ぶ	学校の時間割についてインタビューする。時間割を見て、何か話し合う必要があることについて話し合う

▶ 付録5

オランダの中核目標（学習指導要領）における〈自分自身と世界へのオリエンテーション〉の課題

（著者訳）

出典：Kerndoelen Primair Onderwijs, Ministerie van Onderwijs, Cultuur en Wetenschap, PP.47-58

　オランダには、日本の学習指導要領のような、教科ごとに各学年の目標や授業で取り扱う内容を細かく定めたものはありません。以前はありましたが、1981年に新初等教育法が施行されて以来、初等教育は（それまでの幼児教育が接合されて）4～12歳までの8年間となり、学年ごとの目標や内容の細則は廃止され、8年間の初等教育終了段階で、すべての子どもが身につけておくことが望ましいと考えられる知識やスキルを「中核目標（Kerndoelen）」と定めるにとどまることとなりました。

　すなわち、各学校は、それぞれの方法で、これらの目標を達成させるためのカリキュラムを作成することが期待されており、すべての学校が、同じ順序や方法で中核目標を達成しなければならないという義務はありません。また、「中核目標」では、学年ごとの必修内容が定められていないため、個々の子どもの発達のテンポに、より柔軟に合わせて指導することが可能です。

　そのカテゴリーは、国語（オランダ語）・英語・算数（数学）、自分自身と世界へのオリエンテーション（通称ワールドオリエンテーション）・芸術オリエンテーション・運動教育に分かれており、全部で59項目にわたります。

　以下に示したのは、「中核目標」のうちの第34項から第53項までにあたる「自分自身と世界へのオリエンテーション」と呼ばれるカテゴリーの部分です。つまり、オランダのイエナプラン・スクールでも、ワールドオリエンテーションは、この中核目標の項目を達成させることを国から推奨されており、それに沿って行われているのです。

　しかし、付録4の内容をご覧になるとわかるとおり、イエナプラン・スクールは、中核目標が求めているのよりも広い範囲にわたる目標を定めてワールドオリエンテーションの諸活動を行っています。また、その活動は、仕事（学習）としてだけではなく、対話・遊び・催しにも及んでいます。

　すなわち、認知的能力の発達にとどまらず、社会における行動の仕方（社会性）や感情のコントロールや共感（情緒）の発達を支援することも想定して、主体的で対話的、また道徳教育が目指す「良心」の発達も意識した企画となっています。

人類と共同社会

34　児童・生徒は、自分自身と他者の身体的および精神的な健康を大切にすることを学ぶ

35　児童・生徒は、社会的交通の参加者および消費者として、社会的観点から自立して行動できるようになることを学ぶ

36　児童・生徒は、オランダおよびヨーロッパの統治制度の概要と市民の役割について学ぶ

37　児童・生徒は、一般に受け入れられてい

る価値観や規範への尊重の態度を持って行動することを学ぶ

38 児童・生徒は、オランダの多文化共同社会において重要な役割を果たしている思想的宗派についての大要を学び、セクシュアリティや、性を含む多様性に対して尊重の念を持ってかかわることを学ぶ

39 児童・生徒は、環境に注意深くかかわることを学ぶ

自然と技術

40 児童・生徒は、自らの周囲でしばしば見られる植物や動物を区別することを学び、彼らの生態圏における役割がどのようなものであるかを学ぶ

41 児童・生徒は、植物・動物・人間の仕組みについて学び、その各部位の形状と機能について学ぶ

42 児童・生徒は、諸原料について、また、光・音・電気・力・磁力・温度などの自然現象について調べることを学ぶ

43 児童・生徒は、天候や気候について、温度や降水量や風力などを使って記述することを学ぶ

44 児童・生徒は、自らの地域の諸生産物に関し、その機能・形式・原料の使用などの関係を言えることを学ぶ

45 児童・生徒は、技術的な問題の解決を企画し、これを実施し、その結果を評価することを学ぶ

46 児童・生徒は、太陽に対する地球の位置、季節、昼夜について学ぶ

空間

47 児童・生徒は、自らが居住している地域の空間上の様子について、地形・住居・仕事・統治・交通・レクリエーション・繁栄・文化・倫理観の観点から、国内外の他地域の環境と比べることを学ぶ。いずれの場合も、その際に、ヨーロッパ連合加盟国を2つ、アメリカ合衆国、アジア・アフリカ・南アメリカからそれぞれ1ヵ国を選ぶこと

48 児童・生徒は、水害に脅かされている地域での居住を可能にするためにオランダでとられている措置について学ぶ

49 児童・生徒は、人口集中と宗教、気候、エネルギー源、および、火山・砂漠・熱帯雨林・高山・河川などの自然の地形について、それらが世界においてどう空間的に分布しているかを学ぶ

50 児童・生徒は、地図や地図帳の使い方と、オランダ・ヨーロッパおよびそのほかの世界の基本地形を学び、現在の地理学的な世界観を発達させる

時間

51 児童・生徒は、単純な歴史資料の使い方を学び、時と、時代の分け方を示すことを学ぶ

52 児童・生徒は、以下の時代区分ごとの特徴について学ぶ：狩猟民と農民、ギリシャ人とローマ人、僧侶と騎士、都市と国家、発見者と改革者、都市支配者と王族、カツラと革命、市民と蒸気機関、世界大戦と大虐殺、テレビとコンピュータ

53 児童・生徒はオランダの歴史上の重要な人物と重要な出来事について学び、これらを世界史に関連づけられるようになる

▶ 付録6

アイスブレイクやエナジャイザーとして使える遊びの例

　新学年や新学期が始まり、グループの子どもたちの信頼関係がまだできていないとき、何かの出来事がきっかけで、グループの雰囲気が悪くなってしまったとき、むずかしい話題を話し合う前や後など子どもたちの気持ちが沈んでいたりグループの雰囲気が重くなったりしているとき、授業中にざわついていたり疲れて集中力が落ちていたりするときなどに、ちょっとした遊びを取り入れることで、グループの雰囲気を一新させることができます。あまり勝ち負けのない、みんなが楽しめるゲームがふさわしいです。

　ここにあげているのは、オランダの学校でよく使われる遊びです。こんな遊びから始めて、徐々に、日本古来からある遊びや、キャンプなどでやったことのある遊びを取り入れるなど、自分でも工夫して自分らしい遊びを適宜取り入れられるように準備しておきましょう。

ボールを回せ
（全員の名前を気軽に呼び合う関係になるために。新学年にお互いに知り合うときなど）

　当たっても痛くない柔らかいボールを2、3個用意しておきます。

　全員でサークルになって立ち、グループ・リーダーは、誰か子どもの名前を呼んで、その子にボールを投げます。必ず「相手の名前を呼んでから相手がボールを受け取りやすいように優しく放るように」と事前に注意しておきます。ボールを受け取った子は、まだ呼ばれていないほかの子の名前を呼んでボールを投げます。こうして、全員が必ず1回誰かに名前を呼ばれて最後に再びグループ・リーダーにボールが戻るまで続けます。

　次に、今と同じ順番で名前を呼びながらまたボールを投げて手渡していきます。

　今度は、1個目のボールを、名前を呼ばずに前と同じ順番で投げて渡していきます。グループ・リーダーは、途中から、もうひとつのボールを同じ順番で渡していきます。2個のボールがサークルの中を飛び交います。

　次に、グループ・リーダーは、ボールを、自分が手渡した子に渡し、「さあ、できるだけ早くこのボールを全員に回そう」と言って、サークルになったままでボール渡しを始めます。この時に、タイマーを使って時間を計ると、子どもたちは、大はしゃぎをして回し始めます。

　最後に、「いやいや、もっと早く回せるはずだよ。今と同じ順番で全員がボールに手を触れて、しかも一番早く回すにはどうしたらいいかな」と声をかけます。子どもたちは、いろいろな工夫をして回し方を考えるはずです。アイデアが決まったら、タイマーで時間を計ってあげましょう。

新型ジャンケン
（落ち着かなかったり、眠そうなときにちょっと外に出て気分転換）

　ただのジャンケンではつまらないので、何かほかの方法でジャンケンを考えましょう。足でグーチョキパーを決めてもいいし、グー（石）・チョキ（はさみ）・パー（紙）の代わ

りに、別の動作を考えてもいいでしょう。オランダでは、熊の動作・魚の動作・蚊の動作を考案して、ジャンケンにしています（クマは魚を食べるが蚊に刺される、魚は蚊を食べるがクマに食べられる、蚊はクマを刺すが魚に食べられる）。

校庭など外の広場に出て、ジャンケン大会をします。つまり、どの人でも自分の身近にいる人とジャンケンをし、負けたら勝った人の後ろに回って勝った人の肩に手をかけます。勝った先頭の人は、また、ほかに勝った人とジャンケンをします。こうして、何人かずつの列がだんだんに長くなっていき、最後には、2つのグループの決勝戦となります。

自転車のチューブを使った島とり遊び

椅子とりゲームに似た遊びですが、椅子の代わりに、自転車のタイヤの中のチューブを何本か使います。チューブがない場合にはゴム跳び用のゴム紐や、輪ゴムをつなげて輪にしたものでもいいです。ある程度伸びるけれども限界があるものがいいです。

はじめに、何本かのチューブを島のように床に置いておきます。チューブとチューブの間隔は2メートルほどあけます。子どもたちは、はじめは、輪の外にいます。音楽を鳴らして、それが止まったら、近くにあるチューブのなかに入ります。これを2、3回繰り返して、やり方に慣れるようにしましょう。

慣れてきたら、今度は、チューブを1本減らします。音楽が止まると、少なくなった場所に全員を入れるために、子どもたちは、お互いに手を引っ張ったり、抱き合ったりしてチューブのなかに入ろうとします。

またチューブを減らします。自転車のチューブは、強くてかなり広がるので、チューブの数が減っても、けっこうたくさんの子どもたちがそのなかに入れます。普段、仲があまりよくない子や、おとなしい子なども、この遊びのときには、ほかの子から、招き入れられたり、手をとられたり、抱きしめられたりして、気持ちをほぐすことができます。

サークルの順番を変えて、いつもとは違う子と話ができるようにする方法

これは、必ずしも「遊び」とは言えませんが、何かのテーマで全員で話し合いに入る前に、まず二人ずつで意見交換をしておくときなどに、この方法を使って並べ替えると、普段あまり話すことのないパートナーとペアになる機会ができ、お互いが知り合うきっかけとなります。

並べ替えの方法として、はじめは、誕生日の順番（1月1日〜12月31日までの順）、学校から家までの道のりが近い順などが考えられます。少し慣れてきたら、小指の長さの順、虫歯の数などを使うと、子どもたちは、とてもおもしろがって比べ合います。

子どもたちの並び方が決まったら、必ず、ちゃんとできているかを全員で確認しましょう。

それから、列を真ん中で折りたたむようにして、2列にして、パートナーを決め、意見交換を始めます。

または、2重のサークルにしてみてもいいです。2重サークルのときには、内側のサークルの子と外側のサークルの子が向き合ってパートナーとして話し合います。ひとつの話し合いが済んだら、外のサークルの子たちが時計回りにひとつずつ移動し、新しいパート

ナーと組になります。そして、同じテーマや新しいテーマでまた話し合いをします。イベントや見学の後など、何かの体験についてリフレクションをする際などに、この方法を使うと、短い時間に何人もの人と意見交換をすることができます。グループ・リーダーに対して意見を言うのではなく、グループ・リーダーは、子どもたち同士が意見を交換できるようにするのです。

　また、子どもたちが、並び方の順番を変えるときに、グループ・リーダーはその様子を観察します。このようなときに、どの子がリーダーシップを発揮しているか、どの子がうまく参加できていないか、どの子が社会性を発揮して取りまとめる力を持っているか、などを見つけることができます。

目の見えないムカデ
（信頼関係を育む）

　この遊びは、教室のなかや体育館など、転んだりつまずいたり、溝などに落ちたりする危険のない場所で行ってください。ただし、そのスペースに、机、箱、ボールなどぶつかっても事故にならない障害物を置いておきます。

　子どもたちは、4、5人ずつのグループになり、先頭の子の後ろに順番に肩に手を置いて連なって立ちます。これがムカデです。何組かのムカデができたら、2番目の子どもだけが目を開け、ほかの子どもは（先頭の子も）全員目を閉じます。「よーい、はじめ」の合図でどのムカデも、部屋のなかを歩き回ります。

　つまり、目を開けている2番目の子が、目を閉じている先頭の子の肩を右や左に押しながら、部屋のなかの障害物にぶつからないように歩き回ります。目をつぶっているほかの子どもたちにとってはとても怖いので、2番目の子には、「急がずゆっくり歩くように」と言いましょう。

　しばらく歩いたら「はい、ストップ」と言って、全員がその場に止まり、目を開けます。そして、先頭の子が最後尾につき、新しく2番目になった子だけが目を開けて、また、同じように「よーい、はじめ」で歩き始めます。これを4、5回繰り返すと、全員が、先頭に立ったり、2番目で動きをコントロールしたりする役割を経験できます。

　ただし、小さい子どもの場合は、先頭に立って歩くのはとても怖いので、「ショッピングカー」という名前で、先頭の子はスーパーマーケットのショッピングカーになったつもりで、両腕を前に出し、両手を組んで歩くようにすると、いきなり物にぶつかることがなく、よいです。

褒め言葉ボタン
（みんなで褒め言葉を言い合ってグループをよい雰囲気に）

　グループの子どもたちの様子がギスギスしているように感じられるときや、気分が落ち込んでいるように感じられるときに、このゲームをしてみましょう。

　ポケットに入れられる小さなボタンを1個用意しておきます。朝、グループのなかでどの子かにこのボタンをこっそり渡しておきます。そしてグループの子どもたち全員に「今日は、みんなのうちの誰かが秘密のボタンを持っています。このボタンを持っている子は、誰かほかの子が何かいいことをしたらすぐに褒め言葉を言います。今日の終わりのサークルのときに、みんなで、誰がボタンを持って

いたかを当てましょう。でも、みんなは、この子が誰なのかができるだけ当たらないようにします。どうしたらいいですか？ ボタンを持っていない人も、誰かほかの人がいいことをしたら、どんどん褒めるようにしましょう。褒める人がたくさんいるほど、誰がボタンを持っているのかを当てるのがむずかしくなりますよ」と言っておきます。

ブラックマジック
（集中力が落ちたときに）

遠足や見学、何か催し物があった日の翌日など、子どもたちが疲れていて集中力が落ちているときには、こんな遊びを取り入れると子どもたちの目を覚ますことができ、気分転換のエナジャイザーになります。

ゲームを始める前に、グループのなかの誰か一人の子を呼んでその子にこっそりこう約束しておきます。

「室内のものを当てっこするけど、正解は、私が、何か黒いものを指した次に指差すものだから覚えておいてね」

そうして、グループのみんなには、「ブラックマジックというゲームをしよう」、と言います。前に約束をしておいた子に教室の外に出てもらいます。そして、その子に聞こえないように、グループの子どもたちと、教室のなかにある何かが「正解」だと決めます。たとえば、誰かが座っている席、花瓶、壁にかかっている絵、などなんでもかまいません。

決まったら、外に出ていた子を教室に呼び入れます。

そして、「正解」ではないものをいろいろと選んで、順番に指差しながら「これですか」と聞いていきます。その子が、ちゃんと約束を理解していたら、黒いもの（黒いコンピュータや黒いペンなど）を指差すまでは「いいえ」と答え、その黒いものの次に指差す「正解」に「はい」と答えるはずです。

うまくいったら、「○○ちゃんは、どうして正解がこれだってわかったのかなあ」「ブラックマジックだね」とみんなに語りかけてみましょう。そして、「もう一度やってみようか」と言って、今度は別のものを「正解」にして、もう一度やってみます。

二度か三度繰り返すと、「わかった！」という子が出てくるはずです。今度は、その子に教室の外に出てもらって、同じようにやってみます。うまくいったら、その子に、からくりを説明してもらいます。もしもうまくいかなかったら、誰かほかの子が「やる」と言うかもしれません。

❖ ❖ ❖

このようなみんなが参加できて、みんなで楽しめる遊びは、日本の伝承遊びのなかにもいろいろとあります。地方にもそういう遊びが残っているかもしれません。「とおりゃんせ」や「しりとり」などもそういう遊びの一種と言えるでしょう。

勝ち負けを決めて、負けた子が悔しがることがあまりないような遊びがエナジャイザーとしてはふさわしいです。数や言葉を学び始めたばかりの子どもたちの場合には、数や言葉を使った遊びもよいでしょう。グループ・リーダーたちが知っている遊びを出し合ってそれぞれの教室で使えるようにしてください。

ただし、授業中に行うエナジャイザーは、気分転換が目的ですから、ダラダラ続けず、短く入れて、さっと仕事（学習）に戻るというリズムを大切にしましょう。

また、こうした遊びは、教職員チームや

保護者の交流にもぜひ使ってください。大人も子どものようにはしゃいだり一緒に笑ったりすることで、仲間意識が生まれます。

推薦図書・推薦DVD（日本語によるもののみ）
- リヒテルズ直子『オランダの個別教育はなぜ成功したのか──イエナプラン教育に学ぶ』平凡社　2006
- リヒテルズ直子『オランダの共生教育──学校が〈公共心〉を育てる』平凡社　2010
- ピーター・センゲ他著（リヒテルズ直子訳）『学習する学校──子ども・教員・親・地域で未来の学びを創造する』英治出版　2014
- リヒテルズ直子・苫野一徳『公教育をイチから考えよう』日本評論社　2016
- リヒテルズ直子監修DVD『明日の学校に向かって──オランダ・イエナプラン教育に学ぶ』一般社団法人グローバル教育情報センター　2015
- ファビアン・ファンデルハム『てつがくおしゃべりカード』『てつがく絵カード』ほんの木　2017
- ヒュバート・ウィンタース＆フレーク・フェルトハウズ著（リヒテルズ直子訳）『イエナプラン教育　共に生きることを学ぶ学校』（3分冊：1．イエナプラン教育ってなに？　2．イエナプラン教育をやってみよう！　3．イエナプラン教育と共に歩む）ほんの木（Kindle版のみ）2017
- リヒテルズ直子『0歳からはじまるオランダの性教育』日本評論社　2018

付録6

あとがき

　2004年6月某日、オランダ国内のほぼ中央部にある、フーヴェラーケンという町に住んでおられたケース・ボットさんの御宅を初めて訪れました。当時、ボットさんは聴力を失っていて、初対面の会話は筆談となりました。私がメモ用紙に書いた質問に、ボットさんは、いくらか大きすぎると思える声で熱っぽく答えてくれました。2階の書斎の窓からは鳥の囀りが聞こえ、すっかり葉を広げた木々の緑が美しかったのをよく覚えています。ボットさんとの会話を終え、2時間近くの道のりを経て自宅に戻り、コンピュータを開くと、そこには10本余の論文を添付したボットさんからのメールが届いていました。

　こうして学んだボットさんからの情報をもとに、早速ライデン郊外のウーフストヘーストの町にある古いイエナプラン・スクールで2週間学校の授業を見学させてもらいました。その学校に設立以来勤めていたという校長は、見ず知らずの日本人の私を温かく迎え入れ、学校の様子を自由に見学させてくれました。当時ハーグにも1校だけイエナプラン校があり、そこにも2週間通いました。移民や難民の居住区にあったその学校は、むずかしい社会背景や経歴を持つ子どもたちを多く抱えて、校長はいつもとても忙しそうでしたが、時間の許す限り、私の質問に丁寧に、また日本の事情に深い興味を示して、答えてくれました。

　学校現場に行けば行くほど新たな疑問が湧き、ボットさんを再び訪れたり、資料を探すこととなりました。そうしてオランダ・イエナプラン教育協会に問い合わせると、会長のメイヤーさんは、自分の書棚から絶版になった資料を送って、コピーや閲覧の機会を与えてくれました。

　このようにして、2006年9月、無事、オランダにおけるイエナプラン教育の普及の経緯をまとめた本を上梓することができたのです。そしてその2ヵ月後、私はまた、新たなイエナプランナーに出会い助けられることとなりました。全国から500人近くの教員が集まる年に一度のオランダ・イエナプラン全国大会が行われている会場でのことでした。元教育視察官という年配の教育者と立ち話をしているのを小耳に挟んだフレーク・フェルトハウズ氏が背後から近づいてきて、なぜ私がイエナプランを日本に伝えようとしているのかと興味深そうに会話に加わってきたのです。1時間あまりの熱い意見交換の後、フェルトハウズ氏は、「よし、来年僕らが日本に行くよ。口約束ではダメだから、日付けを決めよう」と日程表を開き、1年後の日付けに印をつけました。「オランダから専門家を招く資金などないわ」という私に、「お礼はいらない。渡航費だけなんとかしてくれればいい」と、当時の私にとっては願ってもない嬉しい申し出を受けることとなったのです。

　そして1年後、フェルトハウズ氏と彼の同僚のヒュバート・ウィンタース氏、そして有名なドクター・スハエプマンスクールのベテラン校長リーン・ファンデンヒューヴェル氏の3人の来日が実現しました。

　リーン校長には、その後、数え切れないほどの回数にわたり、日本からの視察団を連れて学校訪問をさせてもらいました。テレビカメラを回しながら1日中学校を見せてもらったことも何度もあります。けれども、一度として受け入れを拒否されたことはありません。それどころか、

同校のグループ・リーダーたちは、「ナオコがいつも日本人を連れてきてくれるので、私たちにはとてもよいリフレクションになっているのよ。ちゃんと日本の人に見られても恥ずかしくないイエナプラン・スクールでいようってね」と言われますし、普通の日よりも仕事が増えてしまう用務員のヨーカさんも、いつもにこやかに歓迎してくれます。

　オランダで出会ったイエナプランナーたちは、皆、知識をひけらかすことがないばかりか、誰一人として自らの知見を出し惜しみすることがありません。皆、イエナプラン教育を心から愛し、生き方の信念にしています。自分たちは、「教える」のが仕事ではなく「共に学び続けること」が仕事だと考えている人たちです。学びには境界はありません。インクルーシブであること、好奇心を持ち続けること、他者の意見を聞いて自らの見方や考え方を見直すことは、学びの大切な要件であり、生き方の指針です。

　イエナプラン教育は生き方そのものです。イエナプラン教育は、学校や公教育のあるべき姿についての自分自身のなかでの絶え間ない振り返りと、同朋との意見交換を通して、それぞれが生まれ落ちた土地、国、そして皆が共有しているこの地球で、仲間と共にどう生き、新しい世代にどんな未来を残していくつもりなのか、と常に問いかけてきます。日本から来た私を助けてくれた上記のイエナプランナーたちも、だから人と人との間に境をつくろうとしないのです。持っているものをすべて分け与えて、一緒にこの世界を誰にとってもより生きやすいものにしようと考えている人たちなのです。

　こうした人々と出会えたこと、この人たちが信じて疑わないイエナプラン教育が実践経験を通して私たちに示してくれる先駆性に、私自身、今も繰り返し心を動かされ続けています。そして日本でも、すでにたくさんの新しいイエナプランナーが育ってきています。

　イエナプラン教育は、「こうすればこんな効果が現れる、だからこうしてみるのだ」という冷ややかな高みの見物の教育者の手では取り扱えないものです。イエナプラン教育は、自らが、常に自分と、他者と、世界の人々と対話を繰り返し、責任を持って次世代にこの地球を譲り渡していく覚悟を持っている人が担うものだと思います。人類社会の課題は大きく、今の世界は、まるで胸が潰れそうなほど多くの問題を抱えています。でも、皆が少しずつ力を合わせることで大きな仕事ができるという確信は、国境はもちろん、あらゆる境界を超えて私たちをつなぎ、希望へと導いていきます。

　本書が、日本に多くの新しいイエナプランナーを生み、希望を生むことを願っています。

　最後になりましたが、平川理恵広島県教育長には、本書刊行のために、教育開発研究所にお口添えいただき、心からの感謝の言葉を申し上げます。また、刊行までの煩雑なプロセスを丁寧かつ迅速に進めてくださった同社の岡本淳之編集部長と、素敵なイラストを描いてくださった田中真里奈さんにもたいへんお世話になりました。改めて深謝申し上げます。

［著者紹介］

リヒテルズ直子 （りひてるず・なおこ）

1955年生まれ。九州大学大学院博士課程修了。専攻は比較教育学・社会学。1981年から1996年までマレーシア、ケニア、コスタリカ、ボリビアに暮らす。1996年よりオランダ在住。翻訳、通訳、執筆業の傍ら、オランダの教育および社会事情に関する自主調査、著述、科研費共同研究などを行う。また、日本各地での講演活動やオランダの教育研究者・専門家らを日本へ招聘してのイベント、さらに日本からオランダへの研究視察への協力や研修の企画・実施なども手がける。
著書に『オランダの教育――多様性が一人ひとりの子供を育てる』『オランダの個別教育はなぜ成功したのか――イエナプラン教育に学ぶ』『オランダの共生教育――学校が〈公共心〉を育てる』（以上、平凡社）、『0歳からはじまるオランダの性教育』（日本評論社）、『残業ゼロ授業料ゼロで豊かな国オランダ』（光文社）、『祖国よ、安心と幸せの国となれ』（ほんの木）、共著に『いま「開国」の時、ニッポンの教育』（ほんの木、尾木直樹氏共著）、『公教育をイチから考えよう』『公教育で社会をつくる』（日本評論社、苫野一徳氏と共著）、訳書に『学習する学校』（英治出版、ピーター・センゲ他著）、『イエナプラン教育　共に生きることを学ぶ学校（3分冊）』（ほんの木、ヒュバート・ウィンタース、フレーク・フェルトハウズ著）など。

今こそ日本の学校に！
イエナプラン実践ガイドブック

2019年9月1日　初版第1刷発行
2019年11月1日　初版第2刷発行
2023年7月1日　初版第3刷発行

著　者……………リヒテルズ直子
発行者……………福山孝弘
発行所……………株式会社教育開発研究所
　　　　　　　　〒113-0033　東京都文京区本郷2-15-13
　　　　　　　　TEL：03-3815-7041　FAX：03-3816-2488
　　　　　　　　URL：http://www.kyouiku-kaihatu.co.jp
装幀デザイン……小島トシノブ
イラスト…………田中真里奈
デザイン＆DTP…しとふデザイン（shi to fu design）
印刷所……………中央精版印刷株式会社

© 2019 Naoko Richters　　ISBN 978-4-86560-518-1